# ÉTUDE

## HISTORIQUE ET ARCHÉOLOGIQUE

### SUR

# LA CATHÉDRALE

### ET

# LE PALAIS ÉPISCOPAL

## DE PARIS

### DU VIᵉ AU XIIᵉ SIÈCLE

PAR

## V. MORTET

ARCHIVISTE PALÉOGRAPHE, LICENCIÉ ÈS LETTRES
BIBLIOTHÉCAIRE DE L'UNIVERSITÉ

## PARIS

ALPHONSE PICARD, LIBRAIRE-ÉDITEUR

82, rue Bonaparte, 82

—

1888

# ÉTUDE

## HISTORIQUE ET ARCHÉOLOGIQUE

### SUR

# LA CATHÉDRALE

### ET

## LE PALAIS ÉPISCOPAL

### DE PARIS

#### DU VIᵉ AU XIIᵉ SIÈCLE

PAR

## V. MORTET

ARCHIVISTE PALÉOGRAPHE, LICENCIÉ ÈS LETTRES
BIBLIOTHÉCAIRE DE L'UNIVERSITÉ

## PARIS

ALPHONSE PICARD, LIBRAIRE-ÉDITEUR

82, rue Bonaparte, 82

—

### 1888

# INTRODUCTION

## I

Nous nous proposons d'étudier dans ce mémoire l'histoire de la cathédrale et du palais des évêques de Paris depuis le vi$^e$ siècle jusqu'à la fin du xii$^e$.

Prenant pour point de départ l'époque où l'on peut recueillir les premiers renseignements authentiques, nous recherchons ce qu'il est possible de savoir sur le nom, l'emplacement et l'architecture des édifices, où furent établis, pendant les premiers siècles du moyen âge, l'église cathédrale et la demeure de l'évêque de Paris. Notre étude s'arrête à la fin de l'épiscopat de Maurice de Sully (1196), c'est-à-dire à l'époque où la cathédrale actuelle était déjà construite dans ses parties essentielles.

Les éléments de ce travail sont empruntés d'une part aux textes historiques (chartes, diplômes, cartulaires, chroniques) qui correspondent à cette période; d'autre part, aux résultats des fouilles que les architectes et les archéologues ont exécutées à des époques diverses auprès de la cathédrale actuelle et sous l'édifice même.

Les documents écrits ont été pour la plupart connus et cités par les historiens qui se sont occupés, pendant les trois derniers siècles, de la ville de Paris et de ses monuments religieux. Mais, parfois mal interprétés, souvent joints à d'autres textes dont une saine critique aurait dû rejeter le témoignage ou restreindre l'autorité, ils ont servi de fondement aux opinions les plus divergentes et aux hypothèses les plus hasardées. — D'autre part, les architectes et les archéologues n'ont pas toujours eu le soin de contrôler ou de compléter, à l'aide des textes historiques, les résultats que leurs connaissances techniques leur permettaient de tirer des fouilles opérées sous leur direction,

Conduit par une étude sur l'épiscopat de Maurice de Sully [1] à nous occuper de l'histoire de la cathédrale de Paris, nous avons pensé qu'il était intéressant de reprendre l'examen de ces textes, en leur assignant la valeur et la portée qu'ils nous paraissaient mériter, de les rapprocher les uns des autres, et de les éclairer par les renseignements que les fouilles archéologiques ont fournis sur l'emplacement des édifices qui ont précédé la cathédrale actuelle. Sans nous dissimuler les difficultés de cette entreprise et les lacunes nombreuses et inévitables qu'elle doit présenter, sans prétendre arriver à des résultats définitifs que de nouveaux documents pourraient seuls, croyons-nous, amener, nous avons essayé de fixer les points dont la certitude peut être considérée comme acquise et d'indiquer sur les points douteux les probabilités, les vraisemblances ou les hypothèses qui paraissent les plus acceptables.

Pour ne pas donner à ce travail plus de développements que son importance n'en comporte, nous avons renoncé

---

[1] Voy. dans les *Positions des thèses* de l'École nationale des Chartes (1880), notre *Étude sur la vie et l'administration de Maurice de Sully, évêque de Paris* (1160-1196); Paris, Plon, 1880, in-8°.

à exposer et à discuter toutes les opinions émises par les historiens et les archéologues qui ont traité incidemment ce sujet. Le lecteur qui serait curieux de les consulter peut aisément s'y reporter à l'aide de la liste bibliographique annexée au présent mémoire. Nous nous sommes borné à analyser les textes qui ont un rapport direct avec notre sujet, et à exposer aussi clairement que possible les conclusions certaines ou probables qui en résultent ; nous ne sommes entré dans la discussion des opinions affirmées ou des hypothèses proposées par d'autres que lorsque cela nous a paru nécessaire pour établir plus fermement nos conclusions.

## II

Cette étude, à la fois historique et archéologique, est divisée en deux parties.

La première, de beaucoup la plus considérable, est consacrée à la CATHÉDRALE. Dans un premier chapitre, nous étudions tout ce qui concerne le nom ou *vocable* par lequel la cathédrale se trouve désignée dans les documents historiques, depuis le vi⁰ siècle jusqu'au xii⁰ siècle. Dans un second chapitre, nous examinons ce qu'on peut savoir au sujet de *l'édifice* même, c'est-à-dire de son emplacement et de son architecture : 1° dans la période qui s'étend du vi⁰ siècle à la fin du xi⁰ ; — 2° pendant la première moitié du xii⁰ siècle ; — 3° sous l'épiscopat de Maurice de Sully (1160-1196). Cette troisième période, mieux connue que les deux premières, est celle qui donne matière aux plus longs développements.

La seconde partie est relative au PALAIS ÉPISCOPAL. Nous

recherchons successivement ce que l'on sait du nom, de l'emplacement et de l'architecture de cet édifice.

Nous ne terminerons pas cette introduction sans témoigner notre profonde gratitude envers la mémoire du regretté Jules Quicherat, dont les bienveillants conseils nous ont encouragé dans nos premières recherches. Nous prions aussi M. R. de Lasteyrie, professeur d'archéologie à l'École des Chartes, dont les savantes leçons nous ont été très utiles, d'agréer nos sincères remerciements.

# BIBLIOGRAPHIE

Liste chronologique des principales publications relatives à l'histoire de la Cathédrale et du Palais épiscopal de Paris.

## XVIᵉ SIÈCLE

Corrozet (Gilles) : *La Fleur des Antiquitez de la noble et triomphante ville et cité de Paris,* 1532, in-8°.

## XVIIᵉ SIÈCLE

Dubreul (dom Jacques) : *Les Antiquitez de Paris,* 1608, in-8°; le *Théâtre des Antiquitez de Paris,* 1612, in-4°, et 1640, in-f°.

Malingre (Claude) : *Annales de la ville de Paris,* 1640, in-f°.

Launoy (Jean de) : *Opera omnia;* dans le t. II de l'éd. de 1731, *pars prima* (a), p. 586 et suiv., on trouve la dissertation suivante : *De veteribus Christianorum Parisiensium basilicis disquisitio.*

Valois (Henri de) : *Disceptatio de basilicis quas primi Francorum reges condiderunt an ab origine monachos habuerint,* 1658 (imprimé à la suite des *Rerum francicarum... libri VIII,* du même auteur); *Disceptationis de basilicis defensio adversus Joannis Launoii judicium, et de vetustioribus basilicis Lutetiæ liber,* 1660, in-8°.

Mabillon (dom) : *Annales ordinis S. Benedicti,* 1713-1739, in-f°, t. III, p. 255.

Dubois (Le P. de l'Oratoire Girard) : *Historia Ecclesiæ Parisiensis,* 1690-1710, 2 vol. in-f°.

## XVIIIᵉ SIÈCLE

La Mare (Nicolas de) : *Traité de la police,* 1707-1738, 4 vol. in-f°, t. Iᵉʳ.

Félibien et Lobineau (de) : *Histoire de la ville de Paris,* 1725, 5 vol. in-f°, t. Iᵉʳ.

Jaillot (J.-B.) : *Recherches critiques, historiques et topographiques sur la ville de Paris...*, 1772, 5 vol. in-8° (Ed. de 1775, t. Ier, p. 116 et s.),

Lebeuf (l'abbé) : *Histoire de la ville et de tout le diocèse de Paris*, 1754 et s., 15 vol. in-12.; éd. nouv. annotée par Hipp. Cocheris, 1863-1867, 3 vol. in-8°.

Duplessis (dom Toussaint) : *Mercure de France*, année 1756, juillet, p. 129, août, p. 164.

Sauval (Henri) : *Histoire et recherches des antiquités de la ville de Paris*, 1724, 3 vol. in-f°, t. Ier.

[Charpentier] : *Description historique et chronologique de l'église métropolitaine de Paris*; Paris, de Lormel, 1767.

Montfaucon (dom Bernard de) : *Les monuments de la monarchie française*, 1729-1733, 5 vol. in-f°.

## XIXe SIÈCLE

Gilbert (A. P. M.) : *Description historique de la basilique métropolitaine de Paris*, 1821, in-8°.

Jollois : *Mémoire sur les antiquités romaines et gallo-romaines de Paris*, etc. (avec plan). Voy. les mém. présentés par divers savants à l'Académie des Inscriptions et Belles-Lettres, 2e série, t. Ier, ann. 1843, p. 1 et s.

Celtibère : *Notre-Dame de Paris*, recueil contenant 80 pl.. et une notice archéologique..., 1853, in-f°. (Cet ouvrage a été depuis annoncé et mis en vente sous ce titre : *Monographie de Notre-Dame de Paris*, par Celtibère, etc.)

Viollet-le-Duc : *Dictionnaire raisonné de l'architecture française, du xie au xvie siècle*, 1854 et suiv., 10 vol. in-8°. (Voy. notamment t. l., art. *Architecture*, p. 191 et suiv.; t. II, art. *Cathédrale*, p. 285 et suiv.; t. VII, art. *Palais épiscopal*, p. 14 et suiv., etc.)

Guilhermy (de) : *Itinéraire archéologique de Paris*, 1855, in-12, p. 21 et suiv. (2e éd., 1856).

Guilhermy (de) : *Description de Notre-Dame, cathédrale de Paris*, 1856, in-8° (en collaboration avec Viollet-le-Duc).

Bordier (H.) : *Les églises et monastères de Paris*, 1856, pet. in-8°.

Leblant (Ed.) : *Inscriptions chrétiennes de la Gaule antérieures au* viiie *siècle*, 1856-65, 2 vol. in-4°, t. Ier, p 282-283, p. 295 et suiv.

[Hamon] : *Notre-Dame de France, ou histoire du culte de la Sainte-Vierge en France, depuis l'origine du christianisme jusqu'à nos jours*, vol. I, 1861, in-8°.

Lenoir (Albert) : *Statistique monumentale de Paris*, 1 vol. in-4° de texte, p. 20 et suiv., p. 269, et 36 livr. in-f° de planch., 1861-75) (fait partie de la collection des documents inédits sur l'histoire de France).

Quicherat (J.) : *Les trois Saint-Germain de Paris* (mémoire lu, en 1864, dans les séances de la Société des Antiquaires de France, t. XXVIII, 1865, p. 156-180).

Quicherat (J.) : *Critique des deux plus anciennes chartes de l'abbaye de Saint-Germain-des-Prés* (Bibliothèque de l'École des Chartes, 1865, p. 545 et suiv.).

*Inscriptions de la France du ve siècle au xviiie*, recueillies et publiées par M.-F. de Guilhermy, t. Ier (ancien diocèse de Paris), 1873, in-4°.

Longnon (Aug.) : *Géographie de la Gaule au vi[e] siècle*, 1878, p. 353-355.

Lasteyrie (Robert de) : *La charte de donation du domaine de Sucy à l'Église de Paris* (811), Bibl. de l'École des Chartes, 1882, p. 60-78.

Quicherat (J.) : *Mélanges d'archéologie et d'histoire*, archéologie du moyen âge, mémoires et fragments réunis par R. de Lasteyrie, 1886, in-8°.

On peut joindre à cette liste bibliographique les principaux recueils de textes que nous avons consultés pour la présente étude, à savoir :

*Cartulaire de l'église Notre-Dame de Paris,* publ. par B. Guérard (avec préface, i-ccxxxviii), 1850, 4 vol. in-4° (collection des Documents inédits sur l'histoire de France).

*Monuments historiques.* — *Cartons des rois,* par J. Tardif, 1866, in-4° (collection des inventaires des Archives nationales).

*Recueil des historiens des Gaules et de la France,* par dom Bouquet, réimpression Palmé, sous la direction de M. Léopold Delisle, 1869 et suiv., in-f°.

*Monumenta Germaniæ historica,* éd. Pertz, Hanovre, 1826 et suiv., in-f°.

*Cartulaire général de Paris ou recueil de documents relatifs à l'histoire et à la topographie de Paris,* formé et publié par Robert de Lasteyrie, t. 1 (528-1180), Imp. nat., 1887 (collection de l'Histoire générale de Paris).

# PREMIÈRE PARTIE

## La Cathédrale

# CHAPITRE PREMIER

## Le Vocable

§ 1

*Textes relatifs au vocable de la cathédrale.*

Les termes par lesquels la cathédrale de Paris est désignée dans les textes varient avec les époques. C'est seulement à partir du vɪᵉ siècle que commence la série des renseignements que nous possédons à cet égard.

Au vɪᵉ siècle, dans les écrits de Grégoire de Tours, elle ne porte aucun vocable distinctif; elle est appelée *ecclesia* [1], *ecclesia Parisiaca* [2], *ecclesia sancta* [3]. C'est l'église de Paris par excellence, tandis que les églises secondaires généralement appelées *basilicæ,* sont désignées par le nom du saint, sous le patronage duquel elles sont spécialement placées. De même, les églises cathédrales des autres diocèses sont simplement désignées, dans Grégoire de Tours, par le

---

[1] Gregorii Turonensis *Historia ecclesiastica Francorum*, lib. VI, c. 46 in fine; lib. VII, c. 4. — Remarquons que ce passage de Grégoire de Tours : « *Interea Fredegundis regina...... ad* ECCLESIAM *confugit »*, a été reproduit en ces termes dans la chronique d'Aimoin, religieux du xıᵉ siècle : « *Interea Fredegundis regina ad* BASILICAM PARISIACÆ URBIS IN HONORE SANCTÆ MARIÆ DICATAM...... *se conferens......* » (*Historiens de France*, t. III, p. 93.) Plus tard, les Chroniques de Saint-Denis, recueil commencé au xɪɪɪᵉ siècle, en rapportant le même récit, emploient les expressions suivantes: « L'ÉGLISE NOSTRE DAME DE PARIS ». Ces exemples montrent les modifications que les chroniqueurs font subir au *vocable* de la cathédrale, lorsqu'ils rapportent des faits empruntés aux chroniques antérieures.

[2] *Ibid.,* lib. VII, c. 15.

[3] *Ibid.,* lib. VI, c. 32.

1

mot *ecclesia* (¹). On ne peut donc, comme on le fait souvent, donner à la cathédrale de Paris, pendant le vɪᵉ siècle, le vocable de Notre-Dame, dont aucun texte authentique ne fait mention.

On a cru cependant pouvoir invoquer, à l'appui de l'opinion contraire, un diplôme de l'an 528, d'après lequel la cathédrale aurait été, dès cette époque, dédiée à la Vierge, ainsi qu'un fragment de la *Vie de saint Cloud*, qui confirmerait cette manière de voir (²). Mais ces textes n'ont rien de décisif : car ils sont d'une rédaction notablement postérieure à l'époque à laquelle on les a appliqués.

D'autre part, on a prétendu que la cathédrale de Paris a porté le vocable de Saint-Étienne depuis sa fondation jusqu'au milieu du vɪɪɪᵉ siècle, époque où, comme on le verra plus loin, elle reçut celui de Notre-Dame (³). Mais aucun témoignage positif n'établit que l'église à laquelle on applique ce vocable fut précisément la cathédrale, tandis que la présomption contraire ressort des documents de l'époque mérovingienne, dans lesquels la cathédrale est désignée par le terme *ecclesia,* sans aucun vocable de saint.

---

(¹) Exemples : *ecclesia urbis Turonicæ, ecclesia Arvernica,* cathédrale de Tours, cathédrale de Clermont. (Voy. Aug. Longnon, *Géographie de la Gaule au vɪᵉ siècle,* p. 245, p. 481. — Greg. Turon. *Hist. eccl. Francorum,* lib. II, c. 16, lib. IV, c. 31 ; Greg. Turon. *De Gloria martyrum,* l. I, c. 44.)

(²) Cette opinion a été soutenue notamment par Valois, Du Breul et Du Boulay, qui invoquent ici le diplôme daté de 528, dans lequel Childebert Iᵉʳ nomme la cathédrale « *mater ecclesia Parisiaca, quæ est dedicata in honore sancte Marie, matris Domini nostri J.C.* » (*Cartul. général de Paris,* nᵒ 1, p. 1 et note 4), et un passage de la *Vita sancti Clodoaldi,* où il est dit qu'à sa mort (560), ce saint fit don de son monastère « *matri ecclesiæ civitatis [Parisiorum], videlicet sanctæ Mariæ* » (*Acta Sanctorum,* septembris t. III, col. 91 à 101). — Mais le diplôme de Childebert n'est connu que par des copies du xᵉ et du xɪɪᵉ siècle, qui portent des traces évidentes de réfection, et la *Vita sancti Clodoaldi* a été composée bien postérieurement ; il y a tout lieu de croire que la cathédrale est désignée dans ces textes, non par la dénomination qu'elle portait au vɪᵉ siècle, mais par celle qui était en usage vers le xᵉ.

(³) Les principaux arguments invoqués dans ce sens par Jaillot (*Recherches sur la ville de Paris,* 1, p. 123 et s.) et par l'abbé Lebeuf (éd. Cocheris, I,

Il en est de même au VIIe siècle. Bertran, évêque du Mans, qui mourut en 615, léguant un de ses biens à la cathédrale de Paris, la désigne par ces mots : *sancta ecclesia Parisiaca* (1). Le célèbre testament d'Ermentrude, qui fut rédigé vers l'an 700, contient une longue énumération des églises de Paris et des environs, auxquelles cette dame laissait la plus grande partie de ses biens : la cathédrale y figure sous le nom de très sainte église de la Cité, *sacrosancta ecclisia* [sic] *civitatis Parisiorum*, par opposition aux églises secondaires ou basiliques, situées hors de la cité ou aux environs de Paris et qui portent toutes un vocable déterminé (2).

C'est seulement dans la seconde moitié du VIIIe siècle que l'on commença à désigner la cathédrale par le nom

---

p. 5), sont tirés d'un texte de 690, connu sous le nom de testament de Vandemir (*Cartul. gén. de Paris*, n° 12, p. 17) dans lequel un legs est fait « *basilicae domnae Stefanae, in Parisius, ubi domnus Sigofridus pontefex praeesse videtur* », et d'un acte de 1331, qui contient ces mots : « *ecclesia Sancti Stephani, quæ antiquissima existit, et ubi fuit prima sedes episcopalis* ». Mais ce dernier acte ne fait que constater une tradition qui avait cours au XIVe siècle, et dont rien ne prouve le bien-fondé. Quant au testament de Vandemir, tout ce qui résulte de ce texte, c'est que dès la fin du VIIe siècle il y avait, dans la Cité, une église placée sous l'invocation de Saint-Étienne, celle-là même probablement que l'on désignait au XIe siècle sous le nom de : *vetus ecclesia S. Stephani*, et dans laquelle, peut-être, eut lieu le concile de 829. (V. *Cartul. gén. de Paris*, n° 35, p. 49.)

(1) Bréquigny, *Diplomata*, I, p. 99 (*Cartul. gén.*, n° 4, p. 8). Cet acte ne nous est point parvenu en original, mais par les copies du IXe siècle environ. (Arch. de l'abb. de la Couture du Mans; *Gesta episcop. Cenoman.*) Néanmoins, comme les expressions par lesquelles la cathédrale de Paris y est désignée, sont différentes de celles qui étaient en usage au IXe siècle, et analogues à celles dont Grégoire de Tours se servait à la fin du VIe siècle, il y a lieu de croire que les copies sont la reproduction fidèle de l'original. Le même acte contient aussi un legs en faveur de l'église de Saint-Germain en la cité, qui est appelée *basilica domni Germani*.

(2) J. Tardif, *Monuments historiques: Cartons des rois*, p. 33; *Cartul. gén. de Paris*, n° 14, p. 21. — Le même acte mentionne les deux basiliques suivantes : *Baselica domnae Mariae, baselica domni Stefani*. Ces deux églises, comme toutes celles qui sont énumérées dans l'acte avant et après, paraissent bien être hors de la Cité: c'étaient sans doute celles qu'on nomma plus tard Notre-Dame des Champs et Saint-Étienne des Grés, toutes deux situées au sud de la Seine.

de la Vierge et des saints sous l'invocation desquels elle fut spécialement placée. Les termes « *ecclesia Parisiaca, Parisiensis* », employés absolument, s'appliquèrent désormais à l'ensemble des clercs qui représentaient, avec l'évêque, l'Église de Paris[1]; et, pour désigner l'édifice de la cathédrale, on y ajouta les vocables de Notre-Dame, de Saint-Étienne et de Saint-Germain. Dans un diplôme de Charlemagne, de l'année 775, on trouve les expressions suivantes : « *casa, ecclesia Sancti* [sic] *Mariae et Sancti Stephani et Sancti Germani* » [2]; dans un diplôme de Louis le Pieux, en 814 : « *ecclesia Sanctae Mariae semper Virginis et Sancti Stephani protomartyris atque Sancti Germani confessoris, in quorum honore ipsa sedes Parisiaca dicata est* » [3].

Dans deux actes du IXᵉ siècle, la cathédrale n'est plus désignée que par deux vocables, celui de Notre-Dame et celui de Saint-Étienne. En 829, elle est appelée : « *sancta* » *mater ecclesia, que est in honore sanctę Dei genitricis* » *Marię et sancti Stephani prothomartyris* »; et un acte,

---

[1] Voir notamment : a. 795 (cop. du XIᵉ s.) « *ecclesia Parisiaca* »; a. 820 (cop. du XIᵉ s.) « *terra ecclesię Parisiacę* »; a. 856 (cop. du XIIᵉ s.) « *clerus matris ecclesiae Parisiorum* »; a. 888 (cop. du XIIᵉ s.) « *Parisiacensis matris ecclesię possessiones* »; a. 1108 « *Parisiensis ecclesie conventus* ». (*Cartul. gén.*, nᵒˢ 27, 32, 42, 52, 150; p. 35, 43, 58, 71, 169.)

[2] Voy. Tardif, *Cart. des rois*, nᵒ 75, p. 59. — *Cartul. gén. de Paris*, nᵒ 23, p. 31 (acte original).

[3] Voy. Tardif, *ibid.*, nᵒ 104; *Cartul. gén. de Paris*, nᵒ 30, p. 40 (acte original); cf. un diplôme de 1119 qui reproduit et confirme celui de 814. (*Cartul. gén.*, nᵒ 183, p. 204.) — Les mêmes expressions se retrouvent dans une charte de 811 : « *Sanctae Mariae ecclesia et Sancti Stephani protomartyris et domini Germani* ». (Tardif, *ibid.*, p. 74, nᵒ 101. — *Cartul. gén. de Paris*, nᵒ 29, p. 38.) Il est vrai que nous n'avons pas l'original de cet acte, mais seulement des copies du Xᵉ et du XIIᵉ siècle. Toutefois, il est bien vraisemblable que les expressions employées pour désigner la cathédrale n'ont pas été introduites par le copiste, mais textuellement empruntées à l'original : car, d'une part, elles sont identiques aux expressions que contient un acte original presque contemporain, le diplôme de 814; et, d'autre part, elles étaient hors d'usage aux époques où les copies ont été faites, puisque, comme on le verra plus loin, du Xᵉ au XIIᵉ siècle, la cathédrale portait un seul vocable, celui de Notre-Dame.

daté de 888 environ, porte : « *luminaria* [*ecclesię*] *almę Dei genitricis Marię et Beati prothomartyris Stephani* » (¹).

Enfin, dans un diplôme de 867, on trouve pour la première fois le vocable de Notre-Dame, employé tout seul, exactement comme il suit : « ECLESIA SANCTAE DEI GENETRICIS ET SEMPER VIRGINIS MARIAE » (²). Cette formule prévaut au x⁰ siècle, époque où le culte de la Vierge prend sur celui des saints une prédominance croissante. Le vocable de Notre-Dame est dès lors seul usité, à l'exclusion de ceux de Saint-Étienne et de Saint-Germain (³), pour désigner la cathédrale de Paris : « *ecclesia sanctae Mariae perpetuae virginis* » (diplôme de 911) (⁴); — « *ecclesia sanctæ Dei genitricis Mariæ* » (*Annales* de Flodoard, a. 945) (⁵) ; — « *fratres sanctę Mariae* » (diplôme de 982) (⁶).

---

(¹) *Cartul. gén. de Paris*, n⁰ 35, p. 49; n⁰ 51, p. 71. Ces actes ne nous sont parvenus que par des copies du xɪɪᵉ siècle; mais on peut leur appliquer la remarque faite dans la note précédente.

(²) Guérard, I, p. 245; *Cartul. gén.*, n⁰ 47, p. 64 (original). — D'autres actes datés du ɪxᵉ siècle contiennent la même formule : en 820 (Guérard, I, 259; *Cartul. gén.*, n⁰ 32, p. 44), en 861 (Guérard, I, 243; *Cartul. gén.*, n⁰ 45, p. 63), en 868 (*Cartul. gén.*, n⁰ 48, p. 66), en 878 (*Cartul. gén.*, n⁰ 51, p. 69). Mais comme on n'en a que des copies du xɪᵉ ou du xɪɪᵉ siècle, époque où le vocable de Notre-Dame était seul usité, on ne peut affirmer que les expressions employées dans ces actes appartiennent bien au ɪxᵉ siècle. — Un passage du poème d'Abbon (*De Bello Parisiaco*, lib. I, v. 327), qui date de la fin du ɪxᵉ siècle, laisse entendre aussi que la principale église de Paris était dès lors spécialement consacrée à Notre-Dame :

Urbs in honore micat celsæ sacrata MARIÆ.

(³) Il est vrai qu'on trouve encore dans une bulle pontificale datée de 980 la formule : *ecclesia Beatæ Dei genitricis et Virginis Mariæ et beati protomartyris Stephani*. Mais cette pièce, qui est certainement apocryphe, ne mérite aucune confiance; elle a été fabriquée au xɪᵉ siècle, et, pour lui donner une apparence d'authenticité, on a pu y introduire des expressions empruntées à des actes du vɪɪɪᵉ ou du ɪxᵉ siècle. (Voy. *Cartul. gén.*, n⁰ 65, p. 89.)

(⁴) *Cartul. gén. de Paris*, n⁰ 59, p. 80 (original).

(⁵) *Gall. christ.*, t. IX, *instrum.*, col. 203; Pertz, *Scriptores*, III, p. 393.

(⁶) Guérard, I, p. 274; *Cartul. gén.*, n⁰ 66, p. 92 (original). On peut en rapprocher d'autres actes qui sont datés du xᵉ siècle, mais qui n'ont pas la même valeur démonstrative, parce que l'on n'en possède que des copies du xɪᵉ ou du xɪɪᵉ siècle : ann. 907 (*Cartul. gén.*, n⁰ 57, p. 78), ann. 909 (*ibid.*, n⁰ 58, p. 79).

Au XIe et au XIIe siècle, les exemples abondent et les formules varient peu. Ainsi en 1006 : « *ecclesia Beatę Marię* » ([1]). En 1005, 1083 et 1107: « *canonici sanctæ Mariæ, Leate Marie* » ([2]); en 1097, 1098: « *capitulum sanctę, Beate Marię* » ([3]); — en 1101 : « *Beata Maria* » ([4]); — en 1115 : « *major Beate Marie ecclesia* » ([5]); — en 1120, 1135, 1138 : » *ecclesia Beatę Marię Parisiensis* » ([6]); — en 1123 : « *ecclesia sanctissime Dei Genitricis* » ([7]); — en 1125, 1132 : « *matrix ecclesia S. Marię Parisiensis* » ([8]); — enfin, en 1144 : « ECCLE-SIA BEATE MARIE » ([9]). Cette dernière dénomination est la plus usitée à partir du milieu du XIIe siècle.

§ 2

*Interprétation des textes relatifs au vocable composé de plusieurs noms de Saints.*

On a vu plus haut que dans les actes de la fin du VIIIe et du IXe siècle, la cathédrale de Paris est désignée par un vocable composé des noms de deux ou trois saints : Notre-Dame, Saint-Étienne et quelquefois Saint-Germain. L'explication que l'on donne généralement de ce fait, c'est que les autels de la cathédrale contenaient principalement des reliques de ces trois saints, et que le culte de la Vierge n'avait pas encore pris, à cette époque, l'importance qui devait plus tard rendre son patronage supérieur à celui de tous les autres saints.

---

([1]) *Cartul. gén.*, n° 75, p. 103 (original).
([2]) *Ibid.*, n° 74, p. 102 (Guérard, I, 317); n° 104, p. 132 (Guérard, II, p. 401); n° 143, p. 162 (originaux).
([3]) *Ibid.*, n° 119, p. 144; n° 121, p. 146 (originaux).
([4]) *Ibid.*, n° 129, p. 152 (original).
([5]) *Ibid.*, n° 168, p. 192 (*Cart. de St-Denis de La Châtre*, cop. du XVIIe s.).
([6]) *Ibid.*, n° 187, p. 211 ; n° 259, p. 257; n° 274, p. 267 (originaux).
([7]) *Ibid.*, n° 198, p. 218 (original).
([8]) *Ibid.*, n° 208, p. 228; n° 237, p. 241 (originaux).
([9]) *Ibid.*, n°s 312 à 314, p. 292, 293 (originaux).

J. Quicherat avait proposé une explication différente. Remarquant, d'une part, « que dans les premiers siècles du » christianisme, il n'y avait qu'un autel dans chaque église, » qu'une relique de saint sous chaque autel, et qu'il était » par conséquent nécessaire d'élever plusieurs églises dans » le lieu que l'on voulait consacrer au culte de plusieurs » saints » ; constatant, d'autre part, que dès le vii° siècle il existait à Paris, auprès de l'édifice principal de la cathédrale, d'autres églises dont deux étaient précisément consacrées à saint Étienne et à saint Germain (¹), il fut amené à l'idée que la cathédrale de Paris, pendant l'époque carolingienne, était établie non dans une église unique, mais dans plusieurs églises, dont le nombre avait pu varier et dont les trois principales étaient consacrées l'une à Notre-Dame, l'autre à saint Étienne, et la dernière à saint Germain. A l'appui de sa manière de voir, il citait un certain nombre d'exemples empruntés à diverses régions (²).

Malgré l'autorité qui est attachée, à juste titre, au nom et aux travaux de l'éminent archéologue, son opinion ne nous paraît pas ici suffisamment justifiée.

D'abord, les textes sur lesquels il l'appuie sont relatifs à des monastères, et non à des églises cathédrales : on ne peut donc rigoureusement en tirer un argument d'analogie en ce qui concerne la cathédrale de Paris (³). — Ensuite et surtout, il est certain que l'on trouve en Gaule, dès le vi° siècle, des exemples d'un édifice *unique* dédié à plus d'un saint ; telles étaient les églises suivantes citées par Grégoire de Tours :

---

(¹) Cf. *supra*, p. 2, note 3, et p. 3, note 1.

(²) J. Quicherat, *Critique des deux plus anciennes chartes de l'abbaye de Saint-Germain-des-Prés* (Bibl. de l'École des Chartes, 1865, p. 545-550) ; — cf. son mémoire sur les *Trois Saint-Germain de Paris* (Société des Antiquaires de France, 1865, t. XXVIII, p. 176-177).

(³) Les exemples cités par J. Quicherat (*Critique des deux plus anciennes chartes....*, p. 545) sont ceux-ci : le monastère de Saint-Julien fondé, en 635, par Pallade, évêque d'Auxerre, en trois basiliques consacrées aux saints et sainte Marie, André et Julien ; la primitive abbaye de Saint-Wandrille, qui consista de même en trois basiliques pour saint Pierre, saint Paul et saint Laurent.

« *Sanctae Mariae Virginis et Sancti Johannis Baptistae eccle-*
» *sia apud Turones; — Sancti Petri et Sancti Pauli ecclesia*
» *apud Turones; — Sanctorum Ferreoli et Ferrutii [basilica]*
» *apud Vesuntionem* » (¹). L'usage était donc, dès cette
époque, de placer plusieurs autels et les reliques de plusieurs saints dans le même édifice consacré (²); à plus forte
raison en devait-il être ainsi au vııı⁰ et au ıx⁰ siècle.

Nous croyons donc, suivant l'opinion commune, qu'à
l'époque où elle était désignée par un vocable formé des
noms de Notre-Dame, de Saint-Étienne et de Saint-Germain,
la cathédrale de Paris n'était cependant établie que dans un
seul édifice : la pluralité des noms qui figuraient dans son
vocable indique seulement qu'elle avait plusieurs autels et
qu'elle possédait les reliques de plusieurs saints dont les
principaux étaient devenus ses patrons (³).

En résumé, la multiplicité des vocables n'impliquait pas
nécessairement la pluralité des édifices.

---

(¹) Grég. de Tours, *Glor. martyrum,* c. 61. Cf. Longnon, *Géographie de la Gaule (civitas Vesontiensium),* p. 220.

(²) Au témoignage de Jules Quicherat lui-même, treize autels furent érigés à la fois par saint Palais dans l'église Saint-Paul et Saint-Laurent de Saintes, vers la fin du vı⁰ siècle. (*Critique des deux plus anciennes chartes....,* p. 545.) — Cf. J. Quicherat, *Mélanges, archéologie du moyen âge (des Basiliques),* mémoires et fragments réunis par R. de Lasteyrie, p. 409 : « Dès la première moitié du vı⁰ siècle, il y eut des basiliques que l'on disait établies en trois membres, non que leur plan différât de celui des autres; mais leurs trois parties, nef et bas-côtés, étaient considérées comme autant d'églises, chacune avec son patron particulier. « *Disposuit fabricavitque triplicem* » *in una conclusione basilicam, cujus membrum medium in honore S. Mariæ* » *Virginis cultu eminentiore construxit, ex uno latere domni Johannis, ex* » *alio S. Martini subjecit.* » (*Vita S. Cesarii.*)

(³) Un diplôme de 795, connu par une copie du xı⁰ siècle, énumère les principaux saints sous le patronage desquels était placé le diocèse de Paris *(plebes);* mais sans indiquer les églises où étaient déposées leurs reliques : « *Ecclesia Parisiaca, quę est in honore sanctę Mariae matris domini nostri* » *Jhesu Christi, et sancti Stephani protomartyris et sancti Dionysii, et sancti* » *Germani et sancti Marcelli, vel sancti Chlodoaldi confessoris, vel caeterorum* » *dominorum quorum pignora in ipsa plebe vel in ipsa ecclesia Parisiaca* » *adunate requiescunt, ubi preest Erkenradus in ipsa plebe episcopus.* » (Guérard, I, p. 240; *Cartul. gén.,* n⁰ 27, p. 34.)

A la vérité, l'usage s'était établi d'élever autour des grandes églises des baptistères, des oratoires et même de petites églises qui contenaient des reliques des mêmes saints que l'église-mère dont elles dépendaient, et qui, par conséquent, portaient les mêmes vocables. C'est ainsi qu'auprès de la cathédrale de Paris s'élevaient, dans la Cité, l'église de Saint-Étienne et celle de Saint-Germain, dénommées dans des actes du vii$^e$ siècle ([1]); et hors des murs de la Cité, les vocables de la cathédrale se retrouvaient dans les basiliques de Saint-Étienne des Grés et de Notre-Dame des Champs ([2]). Mais ces édifices secondaires ne faisaient point partie de la cathédrale, ils n'en étaient pas des membres inséparables; ils avaient leur individualité, de même que la cathédrale subsistait en dehors d'eux; et quand on parlait de la cathédrale de Paris, on n'entendait pas les désigner en même temps que l'église principale qui seule méritait ce nom.

---

([1]) Voy. *supra* p. 2, note 3; p. 3; note 1. — Cf. J. Quicherat, *Mémoire sur les trois Saint-Germain* (Société des Antiquaires de France, 1865, t. XXVIII, p. 160 et s.).

([2]) Voy. Bordier, *Les Églises et Monastères de Paris*, p. 2. — Lebeuf, *Histoire du diocèse de Paris*, éd Cocheris, t. I, *passim*.

# CHAPITRE II

## L'Édifice

---

Les divers vocables par lesquels l'église cathédrale de Paris est désignée dans les textes, depuis le vi<sup>e</sup> siècle jusqu'au xii<sup>e</sup>, s'appliquent-ils à un édifice unique qui aurait toujours subsisté sur le même emplacement, grâce à des reconstructions plus ou moins importantes, ou bien à plusieurs édifices élevés successivement en différentes places? — Que sait-on de ces diverses constructions et du genre d'architecture de ces édifices?

Pour répondre à ces questions, nous distinguerons trois périodes :

La première s'étendant du vi<sup>e</sup> siècle jusqu'à la fin du xi<sup>e</sup>.

La deuxième allant de l'année 1100 environ à l'année 1160, c'est-à-dire jusqu'au commencement de l'épiscopat de Maurice de Sully.

La troisième comprenant les années 1160 à 1196, c'est-à-dire toute la durée de l'épiscopat de Maurice de Sully.

---

# PREMIÈRE PÉRIODE

---

## § 1

### *Emplacement de la Cathédrale.*

La question de l'emplacement de l'ancienne cathédrale a été fort débattue, surtout par les érudits du xviiᵉ et du xviiiᵉ siècle qui ont écrit sur l'histoire de Paris. Sans entrer dans le détail de ces controverses, nous nous bornerons à indiquer les résultats qui nous semblent le mieux établis.

Pour le viᵉ siècle, on possède un texte important de Grégoire de Tours (¹): « *Tumulus erat, in vico Parisiorum,* » *haud procul a loco in quo* SENIOR, *ut aiunt,* ECCLESIA *nun-* » *cupatur, nullo opertus tegmine; ibique in lapide habebatur* » *scriptum: Hic requiescit Crescentia sacrata Deo puella.* » Il résulte de ce texte qu'à la fin du viᵉ siècle, époque où écrivait Grégoire de Tours, il y avait dans le *vicus Parisiorum,* près du tombeau de la vierge Crescentia, un édifice ou du moins les restes d'un édifice, que l'on appelait « L'ANCIENNE ÉGLISE CATHÉDRALE » *(senior ecclesia)* (²). Sous le nom de *vicus Parisiorum,* on désignait alors, par opposition à la Cité *(civitas Parisiorum),* un quartier moitié ville, moitié campagne, situé au sud de la Cité, sur la rive gauche de la Seine, dans les environs de la montagne Sainte-Geneviève.

---

(¹) *De Gloria confessorum,* c. 105.

(²) Cf. dans Grégoire de Tours (l. II, c. 16): *senior ecclesia,* pour désigner l'ancienne et primitive église de Clermont en Auvergne.

Une partie de la population parisienne s'y était établie dès l'époque romaine et pendant les siècles suivants : les restes de monuments gallo-romains et les vestiges d'un cimetière mérovingien découverts sur cet emplacement l'attestent d'une manière irrécusable (¹). C'est probablement dans ce quartier méridional de Paris, où aboutissait la voie romaine d'Orléans, que les apôtres du christianisme, venant du centre de la Gaule, prêchèrent d'abord la religion nouvelle et fondèrent la première communauté chrétienne. Ainsi s'expliquerait comment la primitive église de Paris, l'ancienne église cathédrale, fut située dans le *vicus Parisiorum* et non dans la Cité. — Quant à l'endroit même où s'élevait l'édifice, on ne saurait le fixer avec précision (²) : les fouilles exécutées dans ce quartier n'ont donné aucune indication à cet égard, et l'on ignore également où était situé le tombeau de Crescentia.

Mais déjà à la fin du vıᵉ siècle, cette ancienne église cathédrale, *senior ecclesia,* était délaissée ou ruinée, si elle existait encore, et l'église de Paris avait été établie dans la Cité, où le nombre des fidèles était sans doute devenu beaucoup plus considérable que dans le *vicus.* C'est ce qui ressort d'un autre texte de Grégoire de Tours, relatif à la mort de Leudaste : on voit, par le récit des circonstances de cette mort, que la cathédrale *(ecclesia sancta)* était alors dans

---

(¹) Voy. Giry, *Étude biographique et bibliographique sur J. Quicherat,* p. 21, 22 ; — Longnon, *Géographie de la Gaule au* vıᵉ *siècle,* p. 354 ; — Vacquer, *Mémoire* publié dans la *Revue archéologique,* 1847, 1ʳᵉ partie, p. 358 ; — Cf. Guilhermy, *Inscriptions de la France du* vᵉ *au* xvıııᵉ *siècle,* t. I, p. 1, nᵒ 1.

(²) Si l'on se reporte à la vie de saint Marcel, évêque de Paris au ıvᵉ siècle, on voit que la cathédrale était alors située, comme à présent, dans le voisinage de la Seine : « *Hauriens aquam de fluvio Sequanæ, dum beato Prudentio episcopo manibus abluendis offerret.... »* (*Vita S. Marcelli,* dans Pertz, *Auct. antiquiss.,* t. IV, p. II, p. 54 ; cf. Surius, *Vit. SS.,* XI, p. 4-6.) Mais on sait que les Vies des Saints ont été refaites et amplifiées à diverses époques où l'on n'avait pas le soin de l'exactitude historique, et les renseignements qu'elles contiennent sur les temps antérieurs à leur rédaction ne méritent guère confiance.

*l'intérieur de la Cité,* en deçà d'un pont qui rattachait son enceinte au *vicus Parisiorum* (¹).

Un siècle plus tard, vers l'an 700, le testament d'Ermentrude désigne, comme on l'a vu plus haut (²), la cathédrale par l'expression de très sainte église de la *Cité* de Paris : « *sacrosancta ecclisia civitatis Parisiorum* ». Depuis lors, le siège de la cathédrale a toujours été maintenu dans cette partie de la ville.

Quel fut dans la Cité, à partir de la fin du vₑ siècle, l'emplacement exact de la cathédrale?

Les documents écrits, diplômes ou chroniques, ne renferment rien qui puisse nous éclairer à cet égard. Mais les fouilles archéologiques, qui ont été entreprises à diverses époques autour de la cathédrale actuelle, peuvent donner quelques indications positives sur la situation de l'ancienne cathédrale.

On sait que les évêchés ont été généralement établis sur un *castellum* attenant aux murs des villes gallo-romaines, et que leur emplacement peut servir à déterminer celui de la cathédrale, qui était toujours voisine de l'évêché. Ce fut le cas de Meaux, Soissons, Beauvais, Laon, Noyon, pour ne citer que des villes du nord : on y éleva la cathédrale et le palais épiscopal, « plutôt près des anciens remparts qu'au » milieu même de l'enceinte des cités » (³). Or la Cité de Paris avait près de la Seine des remparts, datant de l'époque gallo-romaine, qui ont été retrouvés vers l'extrémité orientale de l'île et qui subsistent en partie sous la cathédrale actuelle,

---

(¹) *Historia Francorum,* lib. VI, c. 32 : « *Egresso rege cum regina de* ECCLESIA SANCTA *Leudastes usque ad plateam est prosecutus*......... *cumque per pontem urbis fugeret...* » — Ed. Le Blant, dans sa dissertation 203 sur les *Inscriptions chrétiennes de la Gaule,* remarque aussi que ces détails racontés par Grégoire de Tours éclairent ce point de la topographie de l'ancien Paris.

(²) V. *supra,* p. 3.

(³) Voy. Viollet-le-Duc, *Diction. d'architecture,* vᵒ *Palais épiscopal,* t. VII, p. 13.

en partie à ses abords ([1]). Des fouilles dirigées de ce côté, au XVIIe et au XVIIIe siècle ([2]), avaient fait découvrir des débris de monuments, des vestiges d'architecture antique qui étaient entrés dans la construction des remparts ou qui avaient été ensevelis sous le sol. On en avait conclu avec beaucoup de vraisemblance que le palais épiscopal et par suite l'ancienne cathédrale étaient adossés à ces murs gallo-romains ([3]).

De nouvelles fouilles entreprises en 1845, 1846 et 1847, au sud de Notre-Dame, pour la construction de la sacristie, puis à l'ouest, sur la place du Parvis, sont venues confirmer cette opinion. Elles ont fait apparaître, auprès de constructions datant de l'époque romaine, les vestiges d'un édifice que les archéologues ont reconnu pour être une basilique *chrétienne,* à en juger surtout par la manière dont était faite la maçonnerie. A côté de débris de fondations faites par les Romains, on vit « des murs mérovingiens infiniment plus » épais, appartenant à un très grand édifice et construits » d'une façon grossière, en moellons placés sans ordre, » parce qu'ils furent élevés à une époque où les principes » de la construction étaient oubliés » ([4]). Cet édifice avait été bâti contre l'enceinte formée par les remparts : il occupait la plus grande partie de la place du Parvis et il avait la même orientation que Notre-Dame. Le mur occidental s'élevait à 35 mètres environ en avant de la façade actuelle ; l'extrémité orientale, qui n'a pu être mise à découvert par les fouilles, paraissait devoir aboutir aux portes de la façade. La largeur de l'édifice était de 25 mètres environ. On a donc tout lieu de croire que c'est sur l'espace de terrain ainsi déterminé que s'élevait la cathédrale du VIe siècle.

---

([1]) Viollet-le-Duc, *Dictionn. d'architecture,* v[o] *Palais épiscopal,* t. VII, p. 14 et 15.

([2]) En 1699, 1711, 1756, 1774.

([3]) Voy. Viollet-le-Duc, *ibid.,* v[o] *Palais épisc.,* t. VII, p. 14 et 15 (avec fig.).

([4]) Les résultats de ces fouilles ont été exposés en détail par A. Lenoir dans son bel ouvrage : *Statistique monumentale de Paris,* p. 20. Nous renvoyons le lecteur au plan de ces fouilles, joint à cette publication.

Jusqu'à quelle époque subsista cet édifice? Sur ce point, les renseignements précis font défaut pour la période qui s'étend du VII<sup>e</sup> siècle à la fin du XI<sup>e</sup>. Du Breul ([1]), se fondant sur un extrait des registres du trésor de Notre-Dame, parle d'une reconstruction qui aurait été faite à la fin du VIII<sup>e</sup> siècle, du temps de Charlemagne, par l'évêque de Paris Erkenrad; mais ce document ne nous a pas été conservé, et l'on ne peut en vérifier l'authenticité, qui paraît fort douteuse, car aucun autre texte de cette époque ou des siècles suivants ne confirme le fait allégué par Du Breul ([2]). — D'après l'abbé Lebeuf, dans son *Histoire du diocèse de Paris,* la cathédrale aurait été détruite par les Normands au milieu du IX<sup>e</sup> siècle; mais il n'en donne pas de preuve concluante. Dans les différentes attaques qu'ils dirigèrent contre Paris en 844, 857, 861, 886-87, les Normands ravagèrent les faubourgs, détruisirent les églises suburbaines, telles que celles de Saint-Germain-des-Prés, de Sainte-Geneviève, de Saint-Denis; mais rien ne prouve qu'ils aient pénétré dans la Cité et que la cathédrale ait souffert de leurs atteintes : ni les chroniques, ni les chartes de l'époque, ni le poème d'Abbon n'y font d'allusion certaine : deux actes de 846 et de 907 ([3]) citent, comme ayant été détruites, les églises de Notre-Dame et de Saint-Étienne : mais il importe beaucoup de remarquer que ces textes peuvent s'entendre de Notre-Dame *des Champs* et de Saint-Étienne *des Grés,* églises situées *hors de la Cité,* aussi bien que de la cathédrale et de Saint-Étienne *en la Cité* ([4]); et l'on ne peut en tirer un argument décisif pour conclure que les Normands ont pénétré dans la Cité et brûlé la cathédrale, comme on l'a souvent écrit. — Enfin, Charpentier et quelques autres auteurs, supposant que la ville de Paris ne resta pas étrangère à l'élan de ferveur religieuse et aux

([1]) *Théâtre des antiquitez,* liv. I, p. 8 et 9.
([2]) Voy. Jaillot, *Recherches critiques sur la ville de Paris,* p. 136.
([3]) *Cartul. de Notre-Dame de Paris,* t. I, p. 248, p. 907.
([4]) Voy. une dissertation de D. Toussaint Duplessis dans le *Mercure de France* de juillet 1756, p. 124, et d'août 1756, p. 164.

nombreuses constructions d'églises qui succédèrent, dans le cours du xiᵉ siècle, aux terreurs de l'an mil, ont parlé d'une reconstruction complète de la cathédrale, projetée par Hugues Capet, commencée par Robert le Pieux et continuée sous ses successeurs (¹). Mais c'est une simple hypothèse que ne justifie aucun document.

Pour trouver une trace certaine de la reconstruction de la cathédrale de Paris, il faut arriver au commencement du xiiᵉ siècle, comme nous le verrons dans la deuxième période de ce chapitre.

Toutefois, si rien ne prouve qu'avant cette époque la cathédrale ait été reconstruite en totalité, il est hors de doute qu'elle dut être quelquefois l'objet de réparations plus ou moins importantes. L'une d'elles est mentionnée dans la donation qui fut faite, en 811, à Inchad, évêque de Paris, par Étienne et Amaltrude, de biens situés dans le Parisis à Sucy, Noiseau, Boissy, etc... Les deux tiers des biens donnés formaient la part des chanoines, le troisième devait servir à restaurer l'église « *ad restaurandam ecclesiam* » (²).

## § 2

### *Architecture.*

Les restes de l'église cathédrale bâtie au viᵉ siècle dans la Cité ont été décrits par Albert Lenoir, dans son remarquable ouvrage : *la Statistique monumentale de Paris.* On a pu voir ainsi quelle était la surface occupée par les murailles de l'édifice, leur forte épaisseur, la régularité de leur disposition en quatre lignes parallèles, formant une large nef et

---

(¹) Charpentier, *Description de l'église métropolitaine de Paris*, p. 34 et s. — Ramée, *Histoire gén. de l'architecture*, p. 911 (t. II).
(²) On ne connaît cet acte que par une copie rédigée au xᵉ siècle ou au commencement du xiᵉ : *Arch. nat.*, K. 7, nᵒ 17² (Voy. de Lasteyrie, *Bibl. de l'École des Chartes*, 1882, p. 60, et *Cartul. gén. de Paris*, nᵒ 29, p. 37).

2

des bas-côtés, précédés de fondations qui n'ont pu, dit-il, appartenir qu'à un porche et à ses distributions accessoires (¹). L'ensemble de l'édifice affectait la forme rectangulaire, commune aux autres basiliques de la Gaule. La nef paraît avoir eu 7 mètres environ de largeur, et les bas-côtés 4 mètres environ; mais on ne saurait déterminer la longueur totale de l'édifice dont la partie située du côté du chevet n'a pas été mise à découvert par les fouilles. C'est encore pour cette raison que la forme exacte de l'édifice à son extrémité orientale ne nous est point connue; mais il est bien probable qu'il se terminait par une abside, comme les autres églises chrétiennes de cette époque. Les bas-côtés étaient séparés, à droite et à gauche, de la nef par une colonnade reposant sur un mur de fondation et supportant un autre étage d'architecture percé d'ouvertures.

L'édifice devait être, selon l'usage de cette époque, recouvert d'un plafond, formé de poutres horizontales, et surmonté d'un toit en batières garni de tuiles. Il faut rejeter absolument l'hypothèse de l'abbé Lebeuf, d'après laquelle la cathédrale aurait été, à l'époque de sa prétendue destruction par les Normands, couverte d'un dôme de forme antique (²).

En ce qui concerne la décoration de l'ancienne cathédrale, on a trouvé, dans les fouilles de 1847, quelques fragments de mosaïque, qui ont certainement servi de pavage, suivant

---

(¹) Albert Lenoir, *Statistique monumentale de Paris*, explication des planches, p. 20. — Cf. J. Quicherat, *Restitution de la basilique de Saint-Martin de Tours* (Rev. archéol., 1869, t. XX , p. 81, et pl. XIII et XIV).

(²) L'opinion de l'abbé Lebeuf est fondée sur un passage des *Annales de saint Bertin* relatif à un siège de Paris par les Normands en 857 (*Annales Bertiniani*, éd. Dehaisnes, p. 92), dans lequel se trouve l'expression : *domus sancti Stefani*, et qu'il applique à la cathédrale ; car il adopte le système de Jaillot, réfuté plus haut (v. p. 2, not. 3), suivant lequel le siège épiscopal de Paris aurait été placé sous l'invocation de Saint-Étienne, avant de porter le vocable de Notre-Dame. — Mais, qu'on rapporte ce texte à la cathédrale ou à l'église Saint-Étienne-des-Grés, c'est l'interpréter à contresens que de traduire *domus* par dôme: ce mot a ici son acception ordinaire, et désigne simplement l'*édifice* dédié à saint Étienne, l'église de Saint-Étienne: voir sur le mot *domus* employé dans le sens d'église : Fortunat, I, 3; II, 9 v. 47 ; 10, v. 10 ; et Ducange, *Glossarium*, v° *Domus*.

l'usage répandu à l'époque mérovingienne, deux colonnes et un chapiteau très mutilé, de style mérovingien, qui sont actuellement déposés au musée de Cluny.

Là se bornent les renseignements certains que nous avons sur la forme et l'ornementation de l'ancienne cathédrale de la Cité. Grégoire de Tours, qui dépeint en quelques traits les principaux caractères des églises célèbres de la Gaule (¹), ne parle pas de la cathédrale de Paris, et l'on peut conclure de son silence qu'au point de vue de l'architecture et de la décoration artistique, elle n'avait rien de particulièrement remarquable.

On a cependant cru retrouver dans les poésies de Fortunat la description de l'ancienne cathédrale de Paris. La pièce de vers qui a reçu pour titre : *De ecclesia Parisiaca* (²) contient une peinture emphatique d'une riche basilique élevée par Childebert, portée sur des colonnes de marbre, illuminée de vitraux qui retiennent captifs les rayons du soleil; les uns ont soutenu que cette pièce de vers avait pour objet l'église cathédrale (³), d'autres qu'elle s'appliquait à la basilique de Saint-Vincent et Sainte-Croix (plus tard Saint-Germain-des-Prés), qui fut édifiée par Childebert, d'après le propre témoignage de Grégoire de Tours.

Dans sa *Critique des deux plus anciennes chartes de Saint-Germain-des-Prés* (⁴), Jules Quicherat a résumé très judicieusement les arguments invoqués pour ou contre l'attri-

---

(¹) Exemples : l'église de Clermont en Auvergne, élevée par les soins de l'évêque Namatius (Greg. Turon., *Hist.*, l. II, c. 16), et la basilique de Saint-Martin de Tours, due à l'évêque Perpétue (*ibid.*, l. II, c. 14), dont Jules Quicherat a publié une *Restitution* dans la *Revue archéol.* de 1869 et 1870.

(²) *Ven. Fortunati Carmina*, lib. II, p. 39, dans la collection des *Monumenta Germaniae historica, auctor. antiquissimorum* t. IV, *pars* I (1881).

(³) Valois (*Disceptatio de basilicis*, p. 8; *Disceptationis de basilicis defensio*, p. 42-43), Malingre (*Antiquit. de Paris*, p. 4), d'Achéry (*Acta SS. O. Bened.*, t. I, p. 254). Du Breul (*Théâtre des Antiq. de Paris*, p. 5), Jaillot (*Recherches*, p. 133), Lebeuf (*Histoire de la ville et de tout le dioc. de Paris*, t. I, p. 5), Guilhermy (*Descr. de l'égl. métrop. de Paris*, p. 12), ont vu dans les vers de Fortunat une description de la cathédrale de Paris.

(⁴) *Bibliothèque de l'École des Chartes*, 1865, p. 549 (Voy. *supra*).

bution des vers de Fortunat à la cathédrale de Paris. Il a fait ressortir notamment l'important témoignage de Gislemar, religieux de Saint-Germain-des-Prés, qui se faisait, au ix⁰ siècle, l'écho de la tradition de son monastère en rapportant l'éloge de Fortunat à l'ancien Saint-Germain, c'est-à-dire à Sainte-Croix, ainsi que le même Fortunat l'appelle dans sa prose. Il a énuméré les opinions émises à ce sujet, surtout celles de M. Le Blant, qui, dans son *Recueil d'inscriptions chrétiennes de la Gau'e* (¹), a suivi la manière de voir de Gislemar et s'est efforcé de la justifier par des raisonnements tirés de la comparaison de cette pièce avec d'autres pièces analogues de la même époque. Suivant le savant académicien, ces vers auraient été l'inscription même du monument, et il est difficile, pense aussi Jules Quicherat(²), de ne pas s'associer à cette opinion. Déjà Baronius, dit ce dernier, avait fait voir dans la pièce de Fortunat des allusions manifestes à la sainte Croix, principale relique de la basilique. Cette manière de voir avait été confirmée par Benjamin Guérard (³), qui avait observé que le dernier distique s'appliquait évidemment à la sépulture de Childebert :

> *Hinc abiens, illic meritorum vivit honore,*
> *Hic quoque gestorum laude perennis erit.*

Ceux qui inclinent en faveur de la cathédrale ne peuvent guère invoquer à l'appui de leur opinion que l'intitulé de la pièce : *De ecclesia Parisiaca* (⁴). Car nous avons vu que les mots *ecclesia Parisiaca* désignaient dans les chroniques de l'époque, dans Grégoire de Tours, l'église cathédrale de Paris. Il y aurait donc contradiction entre l'indication fournie par l'intitulé de la pièce et les indications fournies par son contenu. Mais la contradiction n'est qu'apparente. En effet,

---

(¹) Le Blant, t. I, p. 295 et suiv.
(²) *Critique des deux plus anciennes chartes de l'abbaye de Saint-Germain-des-Prés*, dans la *Bibl. de l'École des Chartes*, 1865, p. 550.
(³) *Polyptique d'Irminon*, Prolégomènes, p. 911.
(⁴) Voy. Le Blant, I, p. 297.

M. Ed. Le Blant a montré que, si le titre est donné par les manuscrits, rien ne dit qu'il vienne de l'auteur même ; il viendrait plutôt du copiste ou de l'éditeur qui a rassemblé les poésies éparses de Fortunat et les a jointes à ses autres œuvres [1] ; l'exemple analogue qu'il cite à ce sujet a beaucoup de poids.

En résumé, l'opinion qui nous paraît la plus probable est que la pièce de Fortunat ne s'applique pas à l'église cathédrale de Paris, mais à l'ancienne église de Saint-Germain-des-Prés.

---

[1] Voy. Le Blant, I, p. 297.

# DEUXIÈME PÉRIODE

## DE 1100 A 1160

Les premières indications que fournissent les chroniques ou les chartes sur la reconstruction de la cathédrale de Paris se rapportent au commencement du xii^e siècle. L'examen de ces documents, qui malheureusement sont peu nombreux et quelquefois peu précis, nous a conduit aux conclusions suivantes :

I. L'église cathédrale, consacrée à Notre-Dame, et située pendant la période précédente sur l'emplacement que nous avons essayé de déterminer, *subsista jusque vers la fin du* xii^e *siècle,* c'est-à-dire jusqu'à l'époque où le nouvel édifice, bâti par Maurice de Sully, fut assez avancé pour servir au culte. — Mais elle fut *en grande partie reconstruite* dans les premières années du xii^e siècle.

II. La reconstruction se fit *sur le même emplacement.*

III. On n'a que des renseignements fort incomplets sur *l'architecture et la décoration* de l'église ainsi reconstruite.

Voici les raisons qui nous semblent justifier ces conclusions.

## § 1

### *Reconstruction de la cathédrale au commencement du* xii^e *siècle.*

Le siège épiscopal de Paris, établi encore à la fin du xi^e siècle dans la vieille église de Notre-Dame, fut transporté, pendant la seconde moitié du xii^e siècle, dans la nou-

velle église, à la construction de laquelle l'évêque Maurice
de Sully (1160-1196) a attaché son nom, et qui est la cathédrale actuelle (¹). Mais les parties essentielles de ce nouvel
édifice ne furent achevées, comme on le verra plus loin, que
dans les dernières années de son épiscopat, entre 1180 et
1196; et c'est seulement alors que l'on put y célébrer les
offices. Il faut donc nécessairement admettre que, pour les
besoins du culte, la vieille église de Notre-Dame subsista
au moins jusqu'à cette époque, c'est-à-dire jusque vers la fin
du xɪɪᵉ siècle.

Cette raison *a priori* est confirmée par des arguments
tirés des textes. — D'abord, deux chartes de 1164 et de 1173,
dont les originaux existent encore aux Archives nationales (²), et qui sont relatives notamment à l'acquisition, par
les soins de Maurice de Sully, de quelques maisons, dont
la destruction était nécessaire pour ouvrir la rue Neuve-
Notre-Dame en face du nouvel édifice qu'il allait construire,
portent que cette rue devait aboutir au Parvis de la cathédrale *(ante ęcclesię Beatę Marię paravisum)*. Or la nouvelle
église, dont la construction fut commencée par le chevet,
n'avait pas encore de Parvis, à la date de 1164 (³). Les
expressions de ces actes ne peuvent donc s'entendre que
de la vieille église de Notre-Dame. — Il en est de même
des termes employés dans un acte de 1168, où l'Hôtel-Dieu,
recevant une donation du Chapitre de la cathédrale, est ainsi
désigné : « l'hôpital de Notre-Dame, lequel est sis devant le
» portail de ladite église » *(hospitale Beate Marie, quod est
ante portam ecclesie ejus)* (⁴). Il ne peut être ici question du
portail de la nouvelle église, qui n'était pas encore construit
à cette date (⁵) et qui d'ailleurs ne se composait pas d'une

---

(¹) V. *infra*, troisième période.
(²) *Ibid.*, Voy. pièces justificatives (acte de 1164 et de 1173). — Cf. pour
ces actes *Cartul. gén. de Paris*, nᵒˢ 451 et 515, p. 380 et 426.
(³) V. *infra*, troisième période et pièces justificatives.
(⁴) V. *infra*, ibid. — Cf. dans un acte de 1120 : « *ante portam ecclesie, ad
occidentalem videlicet plagam* » *(Cartul. gén. de Paris*, nᵒ 185, p. 209).
(⁵) V. *infra*, troisième période et pièces justificatives.

seule porte, mais de trois, aurait été désigné par le mot : *portas*. Le troisième acte est de 1172 environ [1]. C'est la lettre de l'archevêque de Sens à Maurice, évêque de Paris, lequel reçoit l'ordre de mettre en sûreté dans l'église cathédrale *« in ecclesia majori »* un dépôt qu'Ernis, ancien abbé de Saint-Victor, aurait voulu cacher. Il ne s'agit ici évidemment que de l'ancienne cathédrale, puisqu'à cette époque, l'église neuve était trop peu avancée pour qu'un dépôt y fût mis en sûreté.

Mais, si l'ancienne église de Notre-Dame subsista jusque vers la fin du XIIe siècle, elle fut, au moins en partie, reconstruite dans les premières années de ce siècle. La preuve de ce fait résulte, selon nous, du rapprochement des deux textes suivants, relatifs à cette époque : 1° un règlement royal, émané de Louis VI vers 1110, dans lequel la cathédrale est désignée par l'expression *ecclesia nova* [2] ; 2° un diplôme de 1123 qui a été heureusement conservé et par lequel Louis VI, sur la demande du Chapitre de Notre-Dame, affecte une partie des revenus de l'évêché, dont il disposait pendant la vacance du siège épiscopal, aux frais de la couverture de la cathédrale *(unde in perpetuum cooperiri posset)*, ce qui prouve qu'à cette date l'édifice, nouvellement reconstruit, n'était pas encore entièrement terminé. Pour subvenir à cette dépense, une rente annuelle de dix livres devait être prise sur les revenus de l'autel, pendant l'octave de la fête du Lendit, au mois de juin ; en cas d'insuffisance, on devait y suppléer avec le fonds des dix livres d'argent dues par les vassaux de l'Église, le 2 février, jour de la Chandeleur. Cette somme devait être confiée à la garde du chévecier et d'un chanoine spécialement commis par le Chapitre. Elle devait servir exclusivement à l'achat d'esseaux, de clous et de tuiles ; quant aux

---

[1] *Cartul. gén. de Paris*, n° 513, p. 425.
[2] Voy. plus loin l'analyse détaillée de ce règlement.

poutres et autres matériaux, c'était l'évêque qui en supportait la dépense (¹).

Ainsi, une reconstruction de la cathédrale eut lieu environ dans le premier quart du xiiᵉ siècle, c'est-à-dire sous l'épiscopat de Galon (1104-1116), de Girbert (1116-1123) et d'un évêque qui porte un nom moins obscur, Étienne de Senlis (1123-1142). Quelle en fut l'importance? fut-elle totale ou partielle? Pour répondre à cette question, il faut d'abord en examiner une autre, à laquelle la première est étroitement liée : sur quel emplacement eut lieu la reconstruction? sur les fondations mêmes de l'ancienne église ou dans une autre partie de la Cité?

§ 2

*Emplacement de l'édifice reconstruit.*

Nous avons cherché à établir que pendant la période précédente la cathédrale était située sur la place du Parvis, à l'endroit où les fouilles de 1847 ont fait découvrir des débris de murs et d'édifices remontant à l'époque mérovingienne. Nous croyons que son emplacement resta le même au

---

(¹) Voy. pièces justificatives d'après Guérard, *Cartul. gén. de Notre-Dame de Paris*, I, p. 266 et préface CLXVII ; *Cartul. gén. de Paris*, n° 198, p. 218. — L'Obituaire de Notre-Dame de Paris mentionne, à la date du 2 juin (lisez *circa* 1150 et non 1250) un archidiacre du nom d'Étienne comme ayant contribué à la restauration de la cathédrale .

« *De domo Sancte Marie, obiit Stephanus archidiaconus qui* ECCLESIAM BEATE MARIE DECENTER REPARAVIT, etc. » (Guérard, *ibid.*, IV, p. 70.) L'abbé Lebeuf a rapporté ce passage à Étienne de Garlande, le plus célèbre des archidiacres de ce nom qui figurent dans les actes du xiiᵉ siècle : ce qui donnerait pour date extrême à la restauration que mentionne l'Obituaire, l'année 1150, qui serait environ l'époque de la mort d'Étienne de Garlande. Mais cette attribution n'est pas possible, selon nous : car l'obit d'Étienne de Garlande est du 14 janvier, et non du 2 juin (voy. Bibl. nation., *mss.*, *fonds lat.* 14673, fᵒ 161). On ne sait donc exactement ni à quel personnage, ni à quelle année se rapporte le texte de l'Obituaire (cf. les textes du *Cartul. gén. de Paris*, p. 220, 221 et 284).

xiie siècle, après la reconstruction dont il vient d'être question.

Une opinion contraire a été soutenue par quelques auteurs, suivant lesquels la cathédrale aurait alors été rebâtie sur une partie de l'emplacement de l'édifice actuel ([1]); d'où il résulterait par conséquent que l'évêque Maurice de Sully aurait, suivant les uns, continué, suivant les autres, abattu et recommencé sur un nouveau plan un édifice qui existait déjà avant lui sur le terrain où s'élève aujourd'hui Notre-Dame. Nous nous bornerons à établir dans ce chapitre les preuves de notre opinion, en nous réservant de discuter plus loin, dans les chapitres consacrés à la troisième période de ce sujet, la part qui revient à Maurice de Sully dans la construction de la cathédrale actuelle.

On peut tirer un premier argument du texte de 1164 que nous avons cité plus haut ([2]), et d'où il résulte que la rue Neuve-Notre-Dame, ouverte à cette date, allait aboutir au Parvis de l'ancienne cathédrale (*ante paradisum ecclesie B. Marie*).

Les fouilles de 1847 ont mis à découvert les traces d'une rue percée de l'est à l'ouest à 40 mètres environ de la façade actuelle de Notre-Dame et qui ne peut être que la rue Neuve-Notre-Dame ([3]). Or l'entrée de cette rue est située précisément en face des restes de murs qui déterminent l'emplacement de l'église du vie siècle, à une distance d'environ 15 mètres, qui représente l'étendue du Parvis de cette église. Pour que le texte cité plus haut ait pu dire qu'elle aboutissait au Parvis de la cathédrale, il faut donc que l'emplacement de cet édifice fût au commencement du xiie siècle le même qu'aux siècles précédents.

Un second argument résulte, à notre avis, des détails topographiques que contient le règlement royal de 1110,

---

[1] Voy. notamment Charpentier, *Description de l'église de Paris;* — Lebeuf, *Histoire du diocèse de Paris*, éd. Cocheris, t. I, p. 7 et 8.

[2] Voy. p. 23.

[3] Voy. Albert Lenoir, *Statistique monumentale de Paris*, p. 24.

relatif à la voirie de l'évêque de Paris, règlement que nous
avons déjà cité. Voici le texte et l'analyse du principal
passage de cet acte important :

« *Terra igitur illa quę incipit a porta claustri Beatę Marię,*
» *ab illa scilicet porta quę proxima est domibus Stephani*
» *archidiaconi, illa inquam terra, a sinistro existens latere,*
» *sicut publica distinguit via, usque ad domum Ansoldi, et ab*
» *illa domo lineatim usque ad caput ęcclesię Sancti Cristofori,*
» *et a capite illo usque ad muros veteris ęcclesię Sancti Ste-*
» *phani, tota, inquam, terra illa cum ędificiis suis, quemad-*
» *modum a predicta circumcingitur et clauditur via, undique*
» *usque ad muros claustri Beatę Marię, sub potestate Pari-*
» *siensis episcopi et in viatura tantummodo illius, jure antiqui-*
» *tatis existit...... Sciendum autem est quia spatium illud, quod*
» *est infra portas veteris ęcclesię, sicut totus interior murorum*
» *ambitus continet, sub jure est episcopi, quemadmodum nova*
» *ecclesia, regis potestate omnino exclusa. Spatium vero illud,*
» *quod est a capite fracti muri veteris ęcclesię usque ad Sequa-*
» *nam, transeundo scilicet ante curiam episcopi, hinc et inde,*
» *sub viatura est ejusdem episcopi* (¹). »

Le règlement de Louis VI attribue à l'évêque un droit
de voirie sur quatre portions de terrain bien distinctes :
1° le terrain situé entre le cloître, d'une part, et d'autre part
la voie publique passant devant la maison d'un nommé
Ansoud *(Ansoldus)*, le chevet de Saint-Christophe et le mur
de Saint-Étienne ; 2° le terrain, qui était peut-être à ciel
ouvert, compris entre les murs ruinés de Saint-Étienne ; 3° le
terrain qui s'étendait depuis les murs de Saint-Étienne
jusqu'à la Seine, en passant devant le palais épiscopal ; 4° le
terrain occupé par la cathédrale *(nova ecclesia)*.

Les indications que l'on peut recueillir dans cet acte,
complétées par celles d'autres actes ou par les résultats des
fouilles du Parvis, permettent de déterminer avec une pré-

---

(¹) Guérard, *Cartul. de l'église N. D. de Paris*, t. I, p. 252-253 (*Cartul. gén. de Paris*, n° 156, p. 179).

cision suffisante les trois premiers emplacements, et l'on
verra que les données topographiques qui en résultent se
concilient fort bien avec l'opinion que nous défendons,
tandis qu'elles seraient incompatibles avec l'opinion contraire (¹).

On sait, en effet, que l'église Saint-Christophe était
située sur la place du Parvis Notre-Dame, à l'entrée de la
rue d'Arcole; ses murs de fondation ont été retrouvés dans
les fouilles de 1847. On sait aussi que le cloître occupait un
vaste emplacement qui s'étendait surtout au nord de la cathédrale actuelle : la porte dont il est question dans le règlement
de Louis VI, et qui est désignée comme voisine des maisons de
l'archidiacre Étienne *(proxima domibus Stephani archidiaconi)*
était au nord près de l'ancienne église Saint-Aignan : car un
acte de 1123 ou 1124 porte que les maisons de cet archidiacre étaient contiguës à cette église (²). Avec ces éléments,
nous pouvons déjà déterminer le premier espace de terrain
désigné dans le règlement. Le rédacteur de l'acte se place
par la pensée à la porte septentrionale du cloître, et circons-
crit le terrain situé à sa gauche *(a sinistro existens latere)*
par une ligne, qui se confond avec la voie publique, et qui
se dirige d'abord vers une maison *(domus Ansoldi)*, dont la
situation exacte est inconnue, mais qui devait être voisine de
l'église Saint-Denis de la Chartre (³), puis redescend vers le
chevet de Saint-Christophe et de là revient vers le cloître,
en longeant les murs de Saint-Étienne. Pour achever de déter-

---

(¹) Voy. le plan annexé à ce mémoire.

(²) Guérard, I, 328 et 329. — *Cartul. gén. de Paris*, n^os 200 et 201,
p. 220, 221.

(³) Cette présomption repose sur deux textes : l'un de 1014, l'autre de 1122
(*Cartul. gén. de Paris*, n° 80, p. 110, et n° 195, p. 216), d'où il résulte que
l'église Saint-Denis de la Chartre fut fondée et richement dotée au commencement du XI^e siècle par un chevalier, nommé Ansoud, et par sa femme Rétrude.
On peut admettre avec vraisemblance que le donateur habitait tout près de
l'église fondée par lui, que sa maison, peut-être occupée par ses descendants,
avait gardé son nom, et que les souvenirs qu'elle rappelait lui donnaient une
notoriété suffisante pour qu'elle fût dénommée dans un acte officiel de
délimitation.

miner les limites de ce terrain, il ne reste donc qu'à savoir
où étaient les murs de Saint-Étienne. Mais que l'on veuille
bien remarquer: 1º que ces murs devaient être contigus ou
peu s'en faut à ceux du cloître : car, pour qu'une ligne partant
du cloître, suivant la voie publique jusqu'à Saint-Christophe
et s'arrêtant aux murs de Saint-Étienne, circonscrive le
terrain qu'elle délimite *(circumcingitur et clauditur)*, il faut
qu'il n'y ait pas eu d'intervalle libre entre Saint-Étienne et
le cloître ; — 2º que ces murs étaient, comme le porte la fin
du texte, séparés de la Seine (bras méridional) par un terrain
qui longeait le palais épiscopal : « *usque ad Sequanam, trans-
cundo scilicet ante curiam episcopi,* » 3º que le palais épiscopal, à cette époque, comme plus tard, était situé entre
la Seine et l'emplacement de la cathédrale actuelle ([1]) :
on conclura du rapprochement de ces observations que Saint-
Étienne était très vraisemblablement situé sous le chœur de
la cathédrale actuelle ([2]). Il suit de là que la voie publique
qui allait du chevet de Saint-Christophe aux murs de
Saint-Étienne se dirigeait de l'ouest à l'est, parallèlement
à la Seine, et longeait, en le laissant en dehors d'elle,
l'emplacement de la cathédrale du vie siècle que nous
connaissons ([3]).

Cela posé, rappelons-nous que l'acte désigne *séparément,
comme distincts l'un de l'autre,* le terrain ainsi délimité et la
cathédrale *(ecclesia nova);* cet édifice était donc situé *en
dehors des limites que nous venons de tracer.* Or, si la cathédrale avait été reconstruite au commencement du xiiº siècle
sur l'emplacement de l'édifice actuel, elle aurait été comprise,

---

([1]) Voy. *infra*, IIe Partie, chap. II, 1re période, p. 71. — La partie du terrain
qui avoisine la Seine, auprès du palais épiscopal, dépendait de l'évêque. C'est
là qu'étaient situés des moulins appartenant à l'évêque. (Voy. acte de Girbert,
évêque de Paris, *Cart. de Paris*, p. 215, nº 194, a. 1122.)

([2]) Rapprocher ce que dit Gilbert *(Description de la basilique...*, p. 10,
25, 35) au sujet des fouilles faites sous le chœur à la fin du xviie siècle et au
xviiiº siècle. — L'église Saint-Étienne, qui tombait en ruines au commencement
du xiiº siècle, dut être entièrement détruite sous l'épiscopat de Maurice de Sully,
à cause de la construction du nouvel édifice. (Voy. *infra*, troisième période.)

([3]) Voy. à la fin de cette étude la planche I.

au moins en partie, dans l'intérieur de ces limites. Au contraire, si l'on admet que son emplacement se confondait avec celui de l'ancien édifice du vi⁰ siècle, on le place, comme nous venons de le voir, exactement en dehors du terrain délimité par l'acte de Louis VI. C'est donc la seconde hypothèse qu'il faut adopter de préférence.

Les deux arguments qui viennent d'être exposés nous semblent suffisants pour conclure que la reconstruction de l'église Notre-Dame, qui eut lieu au commencement du xii⁰ siècle, se fit sur l'emplacement même de l'ancien édifice, et non sur celui que devait adopter plus tard Maurice de Sully.

Cette conclusion nous amène à croire que l'église Notre-Dame ne fut pas alors rebâtie dans son entier, et qu'il y eut seulement une restauration partielle d'une certaine importance et peut-être même un agrandissement. Car une reconstruction totale *sur les mêmes fondations* aurait rendu, sinon impossible, du moins très difficile pendant plusieurs années la célébration du culte dans cette église, et aurait exigé la translation provisoire du siège épiscopal dans un autre édifice : ce qu'aucun document ne permet de supposer. Au contraire, une restauration partielle, même importante, pouvait y être exécutée, sans interrompre la célébration des saints offices.

§ 3

*Architecture et décoration de l'édifice.*

On n'a point de documents qui donnent des renseignements spéciaux sur l'architecture de la cathédrale ainsi reconstruite. Il faut donc se la représenter avec les formes particulières que revêtait l'architecture romane dans l'Ile-de-France, au commencement du xii⁰ siècle. Ce qui caractérise le style de cette époque, ce sont les arcades, les portes et les fenêtres en forme de cintre brisé. C'est le signe distinctif qui se montre encore aujourd'hui, dans Paris même, à l'église Saint-Martin-des-Champs, qui date de la seconde moitié du XIe siècle (1).

La façade principale, tournée vers l'ouest, et précédée d'un Parvis, n'avait qu'une seule porte (2). Les archéologues les plus autorisés pensent qu'une partie du tympan de cette porte se retrouve dans le portail de l'édifice actuel. C'est notamment l'opinion d'Alb. Lenoir : « La partie supérieure » de la sculpture qui décore le tympan de la porte située à » droite du grand portail, dit-il, est d'un travail antérieur à » l'architecture qui l'encadre maintenant, et y aura été rap- » portée au moment de la construction (3). » On en connaît le sujet : la Sainte Vierge est représentée assise, couronnée et nimbée ; on voit à sa droite un évêque, auprès duquel est un personnage, un clerc sans doute, assis et écrivant ; à sa gauche, un roi à genoux tient un phylactère.

Cette décoration de l'entrée de l'ancienne cathédrale paraît bien être une allusion figurée à la vénération particulière des rois de France et des évêques de Paris pour Notre-Dame, dont le principal sanctuaire dans Paris était l'objet de leur constante sollicitude (4). L'histoire atteste d'une part la vénération des premiers Capétiens pour la Vierge, d'autre part les rapports étroits et multiples qui unissaient au XIIe siècle les membres de la famille royale et

---

(1) Guilhermy, *Itinéraire archéologique de Paris*, p, 240.

(2) Voy. *supra*, p. 23.

(3) A. Lenoir, *Statistique monum. de Paris*, p. 269 ; — cf. Lebeuf, *loc. cit.*; — Quicherat, *De l'ogive et de l'architecture dite ogivale* (*Revue archéologique*, 1850, p. 74).

(4) Suivant M. Delaborde (*Procès du chef de Saint-Denis*, dans les *Mémoires de la Soc. de l'hist. de Paris*, t. XI, 1884), il s'agirait ici d'une représentation de Philippe Auguste, à genoux, offrant à Notre-Dame l'acte de donation des reliques des saints dont les images décoraient le reste du portail (Saint-Denis, Saint-Étienne, Sainte-Geneviève). Cette opinion du savant auteur de ce Mémoire ne nous paraît pas suffisamment justifiée : d'une part, parce que les caractères de la sculpture nous rappellent bien plutôt le commencement que la fin du XIIe siècle ; d'autre part, parce qu'il nous paraît toujours très hasardeux de commenter cette représentation figurée avec une précision si minutieuse, en lui donnant le caractère d'une véritable scène historique.

le Chapitre de Notre-Dame. Les récents travaux de l'érudition historique ont confirmé de plus en plus l'exactitude de ce fait (¹). On peut voir d'ailleurs un témoignage de cette libéralité royale envers l'Église de Paris, dans l'acte de 1123, cité plus haut (²), par lequel Louis VI abandonne une partie des revenus de l'évêché dont il disposait pendant la vacance du siège épiscopal, pour subvenir aux frais de la couverture de l'édifice de la cathédrale.

Enfin, c'est pour l'église cathédrale reconstruite au commencement du xiie siècle que Suger, abbé de Saint-Denis, de 1122 à 1152, fit don d'un vitrail, destiné à l'ornementation intérieure de l'édifice. « N'est-ce pas, dit l'auteur de la Vie de Suger, une preuve manifeste de sa générosité que ce vitrail, œuvre admirable, qui se voit dans l'église de Paris (³)? »

---

(¹) Voy. notre mémoire : *Une élection épiscopale au xiie siècle, Maurice de Sully, évêque de Paris* (1160), Paris, Leroux, 1885, br. in-8°.

(²) Cet acte, que nous avons commenté plus haut, p. 24, donne quelques détails techniques sur la charpente et sur la couverture supérieure qui était en tuiles.

(³) « *Quam fuerit liberalis in omnes, in exteros, in cives suos, suffi-* » *cienter nemo referet. Nonne indicium evidens est liberalitatis ejus eximiæ,* » IN ECCLESIA PARISIENSI ILLUD EX VITRO OPUS INSIGNE? *Unum quidem est, sed* » *non solum. Nam plurima hujuscemodi extant illius opera, quæ pluribus* » *in locis non tam ex debito fecit quam gratia.* » (*Sugerii Vita,* dans les Œuvres complètes de Suger, par Lecoy de la Marche, p. 387.) — Il est très vraisemblable que cette œuvre d'art fut transférée dans le nouvel édifice construit sous l'épiscopat de Maurice de Sully, et qu'elle y subsista pendant un certain nombre d'années.

# TROISIÈME PÉRIODE

## L'ÉPISCOPAT DE MAURICE DE SULLY

### (1160-1196)

————

Le fait capital de l'histoire de la cathédrale de Paris pendant la seconde moitié du XIIe siècle, est la construction de l'édifice actuel, commencée et en partie exécutée par Maurice de Sully, qui occupa le siège épiscopal de 1160 à 1196.

Il est aujourd'hui hors de doute que l'honneur d'avoir entrepris cette grande œuvre appartient à cet évêque, l'un des plus illustres parmi ceux qui ont administré au moyen âge le diocèse de Paris. La preuve directe de cette assertion résulte du témoignage de deux chroniqueurs contemporains, dont la véracité est généralement reconnue. Robert d'Auxerre [1] et le continuateur de Sigebert [2] constatent de la manière la plus formelle, l'un en 1175, l'autre en 1182, que la reconstruction de la cathédrale avait été *commencée* par Maurice de Sully.

On a opposé à ces témoignages précis le silence gardé, sur un fait aussi notable, par trois importantes chroniques du XIIe siècle, celles de Rigord, de Guillaume le Breton et de Guillaume de Nangis, et par l'Obituaire de Notre-Dame

———

[1] « *Hic, inter præclara opera sua, ecclesiam cui præerat* A FUNDAMENTIS » *cxstruxit* » (an. 1175). (*Histor. de France*, t. XII, p. 298.)

[2] « *Ecclesiam beatissime Dei genitricis Marie, in qua ipse residet epi-* » *scopus, propriis magis sumptibus quam alienis, decentissimo et sumptuoso* » *opere* RENOVAVIT. » (Pertz, *Monumenta Germaniae historica, Scriptores*, t. VI, p. 421.) — La suite de ce texte montre qu'il émane d'un témoin oculaire (an. 1182).

3

de Paris, dans l'obit de Maurice de Sully ([1]); on a tiré de là
un argument pour soutenir que cet évêque n'avait fait que
*continuer* un édifice commencé bien avant lui, dans les
premières années du xiie siècle ou même dès la fin du xie;
et, à l'appui de cette manière de voir, on a prétendu que
l'expression *nova ecclesia,* employée dans le règlement royal
de 1110 que nous avons analysé plus haut ([2]), désignait
précisément la nouvelle cathédrale, qui était déjà en partie
construite à cette date, et qui aurait été continuée plus tard
par Maurice de Sully ([3]).

Nous avons déjà réfuté une partie de ce raisonnement,
quand nous avons montré que, suivant toute vraisemblance,
l'expression *nova ecclesia,* à la date de 1110, ne devait pas
s'entendre d'une reconstruction de l'église de Notre-Dame
sur l'emplacement de la cathédrale actuelle, mais d'une
restauration de cette église sur son ancien emplacement ([4]).
On peut ajouter qu'au jugement des meilleurs archéologues,
les parties les plus anciennes de la cathédrale actuelle ne
peuvent être rapportées au type roman qui régnait dans l'Ile
de France au commencement du xiie siècle, mais présentent
les mêmes caractères archéologiques que les églises de la
seconde moitié de ce siècle (Laon et Noyon), qui forment la
transition entre le roman et le gothique.

Quant au silence de l'Obituaire de Notre-Dame et des
trois chroniques précédemment citées, on n'en peut tirer
aucun argument sérieux. Les chroniqueurs ne sont pas des
historiens; ils relatent seulement une partie des faits, soit
généraux, soit particuliers, se placent souvent à un point de
vue spécial et omettent plus d'une fois de graves événements
pour noter des faits qui nous paraissent maintenant insigni-

---

([1]) Voy. Guérard, *Cartul. de Notre-Dame de Paris,* préface, p. CLXVII.

([2]) V. page 27 et suiv.

([3]) Telle est notamment l'opinion de Charpentier (*op. cit.,* p. 31 et ss.),
de Du Breul (*op. cit.*), de Malingre (*Annales générales de Paris,* 1640, p. 53)
et de Ramée (*op. cit.,* t. II, p. 911).

([4]) V. page 30.

fiants. En second lieu, cet argument, s'il était fondé, prouverait trop, car on devrait en conclure non seulement que Maurice n'a pas commencé l'église Notre-Dame, mais qu'il n'a pas même travaillé à sa construction, ce que personne n'ose soutenir.

Enfin, le silence de l'Obituaire peut s'expliquer par une raison particulière. Les mentions qui accompagnent l'obit de Maurice de Sully avaient pour objet de rappeler aux membres de l'Église de Paris les faits mémorables de la vie de cet évêque et surtout les libéralités dont l'Église avait été gratifiée par lui. Pour ces dernières, en particulier, l'Obituaire n'y manque pas. Si la construction de la cathédrale n'y est pas relatée, c'est qu'elle avait été l'œuvre commune de l'évêque et du Chapitre. Au contraire, la reconstruction du palais épiscopal y est mentionnée parce qu'elle fut l'œuvre de Maurice seul ([1]).

On peut donc considérer comme certain que Maurice de Sully ne se borna pas à continuer un édifice commencé avant lui, mais qu'il jeta les fondements de la cathédrale actuelle ([2]); et l'on verra que, s'il ne put la terminer, il en bâtit au moins les parties essentielles.

On possède sur cette période de l'histoire de la cathédrale plus de documents que sur les périodes antérieures : cependant, il reste encore bien des lacunes. On ne peut s'empêcher de comparer la rareté des renseignements qui nous restent sur la construction de la cathédrale de Paris, avec l'abondance et la variété des détails que les écrits de Suger nous donnent sur l'église de Saint-Denis, recons-

---

([1]) Un autre argument a été invoqué par Charpentier *(ibid.)* : c'est l'insuffisance des ressources dont disposait Maurice de Sully et, par conséquent, l'impossibilité qu'un édifice commencé sous son épiscopat fût assez avancé en 1184 pour recevoir des sépultures et pour permettre la célébration de l'office divin. Les développements que l'on trouvera plus loin montreront que cet argument est dénué de fondement.

([2]) Telle est notamment l'opinion de Jaillot *(op. cit.,* p. 116 et ss.), de Lebeuf *(op. et loc. cit.),* de Guilhermy *(Itin. archéol. de Paris,* p. 23) et de Viollet-le-Duc *(Dictionn. d'archit.,* II, p. 286, v° *Cathédrale).*

truite par lui quelques années auparavant (1139-1143). Suger
fut lui-même l'historien de son œuvre, dans le mémoire où il
raconte son administration abbatiale, et dans l'opuscule qu'il
consacra spécialement à l'église Saint-Denis (¹). On y trouve
une foule de détails sur l'architecture et la décoration du
nouvel édifice, et des traits qui marquent la persévérance
opiniâtre avec laquelle le célèbre abbé de Saint-Denis pour-
suivit la reconstruction de son église. Au contraire, pour la
cathédrale de Paris, on est réduit aux renseignements épars
et incomplets, que fournissent quelques chartes émanées de
Maurice de Sully ou de ses contemporains, et quelques chroniques dont le témoignage est toujours bref, sans être toujours
précis. Ces documents suffisent cependant, si on les com-
mente attentivement, pour que l'on puisse se rendre compte
de l'activité et du zèle que déploya Maurice de Sully, et
des ressources matérielles avec lesquelles il put élever en
peu d'années les parties principales d'un vaste édifice.

Ce chapitre sera divisé en six parties. Dans les quatre
premières, nous examinerons successivement : 1° les causes
de la construction ; 2° les travaux préliminaires ; 3° l'ordre
suivi dans la construction et le caractère général de l'architecture ; 4° les origines diverses des fonds employés à la
construction. — Puis, nous rechercherons ce que l'on peut
savoir de l'architecte et des ouvriers qui travaillèrent à
la cathédrale ; enfin, quelle fut l'appréciation des contemporains et quelle est celle des archéologues modernes sur
l'œuvre architecturale de Maurice de Sully.

---

(¹) *Libellus alter de consecratione ecclesiæ S. Dionysii.* (Voy. l'éd. publ. par
M. Lecoy de la Marche pour la *Soc. de l'Hist. de France.*)

§ 1

*Causes de la construction.*

Deux motifs paraissent avoir déterminé Maurice de Sully à rebâtir la cathédrale de Paris.

C'étaient d'abord les besoins du culte qui rendaient nécessaire cette reconstruction. Car, bien que restaurée et sans doute agrandie au commencement du xiie siècle, l'église Notre-Dame ne suffisait déjà plus aux exigences du culte : elle était devenue trop petite pour la population croissante de la Cité. Le chœur surtout, qui était peu développé, comme dans la plupart des églises romanes, ne pouvait plus contenir le clergé de plus en plus nombreux qui desservait la cathédrale, et ne permettait plus de nouvelles fondations de chapelles (¹).

En second lieu, Maurice de Sully, qui avait l'ambition des grandes choses, et qui, pour les exécuter, disposait, comme on le verra, de ressources considérables, tint à honneur de suivre le mouvement général qui faisait alors rebâtir un grand nombre d'églises sur un plan perfectionné. Il voulut illustrer son épiscopat en édifiant une somptueuse cathédrale.

On voyait déjà s'élever dans la France du Nord, et surtout dans l'Ile de France, de nouvelles églises où le style gothique remplaçait le roman (²). Il était naturel que Maurice de Sully

---

(¹) La cathédrale de Paris n'est pas la seule qui ait subi dans le cours d'un même siècle deux importantes reconstructions. L'exemple de la cathédrale de Laon, deux fois reconstruite au xiie siècle, a été parfaitement mis en lumière par l'éminent archéologue J. Quicherat (voir la note suivante).

(²) Viollet-le-Duc, art. *Architecture, Cathédrale, passim,* dans les tomes I et II de son *Dictionnaire raisonné de l'architecture.* La cathédrale de Noyon fut commencée vers 1150 (Viollet-le-Duc, II, p. 301); celle de Laon, en 1114, puis rebâtie vers 1170 (J. Quicherat, *Bibliothèque de l'Ecole des Chartes,* 1874, p. 250 et suiv.); celle de Soissons, à la fin du xiie siècle (Viollet-le-Duc, II, p. 309), celle de Sens, au milieu du xiie (*ibid.,* II, p. 351); celle de Chartres

suivît l'exemple que lui donnaient non seulement les évêques
voisins, mais encore les abbés des grandes abbayes de Saint-
Denis et de Saint-Germain-des-Prés. Sans aller aussi loin
que Viollet-le-Duc qui, dans la construction des cathédrales
gothiques, voit, entre autres caractères, une réaction contre
le type de l'architecture monastique ([1]), on peut dire que
Maurice de Sully forma le dessein de construire un monument qui « répondît par sa grandeur, par la beauté de
» son architecture, par sa magnificence, à la prééminence
» des évêques de Paris et devînt digne de la capitale du
» royaume » ([2]).

Il se mit à l'œuvre dès le commencement de son épiscopat,
et il y travailla jusqu'à sa mort avec une persévérance et un
esprit pratique qui lui permirent, sinon de la terminer, du
moins de la conduire jusqu'à un point fort avancé.

## § 2

### *Travaux préliminaires.*

Nous avons montré précédemment quelle devait être au
xiie siècle la situation de l'ancienne église de Notre-Dame et
de l'église la plus voisine dans la Cité, celle de Saint-Étienne-
le-Vieux.

Le dessein de Maurice de Sully fut d'élever sur l'emplacement de ces deux églises un vaste édifice, les couvrant en
grande partie, mais s'étendant surtout à l'est de la première

---

pendant le xiie siècle (*ibid.*, II, p. 311). — L'église abbatiale de Saint-Denis
avait été consacrée en 1143 ; le chœur de Saint-Germain-des-Prés fut consacré
le 21 avril 1163 ; un peu plus tard, nous voyons se reconstruire l'église de
Saint-Victor, comme le prouvent deux actes de 1170 et 1172, relatifs à des
ventes faites à Saint-Victor : « *ad opus ecclesie S. Victoris* (Arch. nat., L. 908,
n° 41, *Annales* de Jean de Thoulouze, t. I, *pars I^a*, p. 1164 ; Bibl. nat., *lat.*
14368, *Annales* du même, t. I, *pars I^a*, 1073).

([1]) Viollet-le-Duc, art. *Architecture.*

([2]) Guérard, *Préface du Cart. de l'église Notre-Dame de Paris,* p. CLXVIII.

et au nord de la seconde. Le chevet de la nouvelle construction devait, pour ainsi dire, englober l'église de Saint-Étienne et sa façade couper à l'ouest l'ancienne église de Notre-Dame, vers le transept environ, de manière à en couvrir le chœur.

L'exécution de ce plan se conciliait aisément avec la nécessité de ne pas démolir l'ancienne église de Notre-Dame, tant que la nouvelle ne serait pas assez avancée pour que la célébration du culte y fût possible : car, suivant l'usage général à cette époque, c'est par le chœur que commença la construction de la nouvelle cathédrale. Or, pour exécuter cette partie des travaux, il suffisait d'abattre l'église Saint-Étienne et les maisons voisines : l'ancienne église de Notre-Dame qui s'élevait un peu en avant de la cathédrale actuelle, sur la place du Parvis, pouvait subsister jusqu'au jour où, dans la construction de la nef, on approcherait du portail et de la façade.

L'église de Saint-Étienne était, à cette époque, une église en ruines : les termes par lesquels elle est désignée dans le règlement royal de 1110 (¹), ne permettent guère d'hésitation à ce sujet. Il y a là une raison de plus pour croire qu'elle fut abattue dès le commencement des travaux, c'est-à-dire entre 1160 et 1170 (²). — En même temps, des démolitions firent disparaître des maisons canoniales ou autres situées devant le cloître et aux abords de l'église de Saint-Étienne (³).

---

(¹) Voy. *supra*, p. 27 et suiv. (cf. planche I).

(²) Ce n'est donc ni en 1186, ni en 1218, ainsi qu'on l'a prétendu, que cette destruction eut lieu. En 1186, les fouilles qui, au témoignage de Robert du Mont (Pertz, t. VI, p. 535) et de l'Obituaire de Paris (Guérard, IV, p. 29, 110), amenèrent la découverte de reliques de Saint-Denis et d'autres martyrs, furent opérées bien plutôt sur le terrain de la vieille église de Saint-Étienne-des-Grès (cf. Delaborde, *op. cit.* p. 341, 365). Quant à la date de 1218, que l'abbé Lebeuf (éd. Cocheris, p. 9) donne pour celle de cette destruction, nous trouvons encore moins de raison pour la justifier.

(³) Nous en avons trouvé, croyons-nous, un exemple dans l'Obituaire de Notre-Dame : « *Quando autem predicta domus Galeranni,* QUE JUXTA ECCLESIAM » BEATE MARIE SITA ERAT, DIRUTA FUIT PRO REPARATIONE ECCLESIE, *statutum* » *est a capitulo quod* etc... » (Guérard, *ibid.*, IV, p. 18.)

Avec ces premiers travaux coïncida l'ouverture d'une rue percée de l'est à l'ouest, en face du Parvis de l'ancienne église Notre-Dame, entre le Grand et le Petit-Pont, lesquels reliaient la Cité à l'ensemble de la ville de Paris (¹). Ce fut la rue Neuve Notre-Dame *(novus vicus Beate Marie)* (²). Ce dégagement avait pour résultat immédiat de faciliter le transport des matériaux destinés à la construction de la cathédrale : car la rue Neuve se raccordait à la grand'route qui traversait Paris en passant par les deux ponts de la Cité (³). Cette voie nouvelle avait aussi pour objet de rendre aisé l'accès de la nouvelle cathédrale ; car elle devait aboutir au Parvis qui fut plus tard établi sur l'emplacement de l'ancienne église.

Pour ouvrir cette rue, dont le percement commença avant l'année 1164, Maurice de Sully obtint, au moyen d'échange ou de donation, la cession de plusieurs maisons avoisinantes (⁴). On possède encore trois actes importants : le premier, dont la date se place entre le 24 mars 1163 et le 11 avril 1164, le second qui fut rédigé entre le 12 avril 1164 et le 3 avril 1165, le troisième, de l'année 1173 (avril-novembre), qui nous ont conservé ces contrats. Ils nous montrent que le Chapitre de Paris céda, à titre d'échange, deux maisons qui lui appartenaient à un nommé Henri Lionel, dont la maison était nécessaire à Maurice de Sully pour faciliter les travaux de la cathédrale.

C'est encore pour ces travaux préliminaires, pour le percement de la rue Neuve, que Gervais de Tourotte, sur la

---

(¹) « *Plateam ante ipsam ecclesiam* INTER UTRUMQUE PONTEM DILATAVIT » ann 1182. (*Sigeberti contin. Aquicinctina,* loc. cit.) Il est ainsi positif que les travaux mis en train par le prélat tendirent à *rallonger* un emplacement qui se trouvait alors trop court (sur l'expression *dilatare*, employée dans ce sens archéologique, cf. J. Quicherat, *Œuvre de la cathédrale de Troyes, Mélanges*, p. 201). — « *Ad perficiendam viam que fiebat ante ecclesie nostre paravisum* » ann. 1163. (Voy. pièces justificatives.)

(²) Guérard, t. IV, *Index generalis*, p. 291.

(³) « *Magna via Parvi Pontis.* » (Guérard, t. I, p. 125.)

(⁴) Voy. pièces justificatives.

demande de l'évêque de Paris, fit don d'une partie de ses maisons sises auprès de la cathédrale (¹). L'Obituaire de Notre-Dame mentionne cette libéralité, et la chronique d'Anchin, relatant la construction de la cathédrale, rappelle les cessions de maisons que cette entreprise rendit nécessaires (²).

§ 3

*Ordre suivi dans la construction ; caractère*
*général de l'architecture.*

En 1163, si l'on s'en réfère à la *Gallia christiana* (³), le pape Alexandre III, réfugié en France et séjournant alors à Paris, aurait posé la première pierre de la cathédrale. Cette asser-tion mérite d'attirer l'attention, à cause de l'intérêt qu'elle présente ; mais est-elle suffisamment digne de foi ? doit-on, comme on le fait presque toujours, l'accepter sans réserve ?

Elle repose sur le témoignage d'un seul chroniqueur, Jean de Saint-Victor, auteur du Mémorial des histoires *(Memoriale historiarum),* qui vivait au xive siècle, et qui n'invoque, à l'appui de son affirmation, aucune chronique du xiiᵉ (⁴) : « Maurice, dit-il, évêque de Paris, a jeté les pre-
» miers fondements de son église cathédrale, dont la première

---

(¹) « *Ad faciendam novam viam.* » (Guérard, *Obituarium ecclesie Pari-siensis,* IV, p. 21.)

(²) « *Redempto magno pretio a civibus loco, multis mansionibus prius occupato,* » rapporte la chronique d'Anchin *(Sigeberti continuatio),* dans les *Monumenta Germaniae historica,* de Pertz, *Scriptores,* t. VI, p. 421.

(³) « *Circa id tempus prima novæ cathedralis fundamenta jecit, cujus primarium lapidem posuit Alexander III, ut habet Johannes, canonicus Victorinus.* » (*Gallia christiana,* t. VII, col. 71.)

(⁴) C'est par erreur que Guilhermy (*Itinéraire archéologique de Paris,* p. 24) attribue la même affirmation au chroniqueur Robert d'Auxerre. Ce chroniqueur se borne à la mention que nous avons rapportée plus haut « *a fundamentis exstruxit* », et que Jean de Saint-Victor a très vraisemblable-ment amplifiée, au point de dire que la pose de la première pierre de la cathédrale est due au pape Alexandre.

» pierre a été posée par le pape Alexandre III, pendant son
» séjour en France (¹). » Or, il résulte de l'examen de l'itinéraire d'Alexandre III (²), en 1163, que c'est entre le 24 mars,
jour de Pâques, et le 25 avril que ce pape a séjourné à Paris.
C'est donc dans cet intervalle de temps, et non au mois de
juillet, comme on l'a écrit (³), qu'Alexandre III aurait pu
poser la première pierre de l'église Notre-Dame.

Mais cette première pierre a-t-elle été posée effective-
ment par le pape Alexandre, et, si elle a été posée par lui,
pourquoi les chroniqueurs contemporains n'en font-ils pas
mention? Est-ce d'une tradition en cours à l'abbaye de Saint-
Victor que l'auteur du Mémorial s'est fait l'écho? Enfin, est-
ce bien une représentation du pape Alexandre III, qui se
trouverait dans le bas-relief inférieur du portail de la Vierge,
à Notre-Dame, ainsi qu'on a cru le voir récemment (⁴)?

Nous pensons que sur chacun de ces points il convient
d'être plus réservé qu'on ne l'a été généralement jusqu'à
présent. Il se peut que la pose de la première pierre de
l'église Notre-Dame ait eu déjà lieu avant l'arrivée du pape
Alexandre III, sans que cette cérémonie ait été entourée
de l'éclat que l'on suppose sans preuve décisive. Tout ce
que l'on peut dire de certain, c'est que le pape Alexandre
fut témoin, l'un des premiers, des commencements de cette
mémorable construction, qu'il dut seconder Maurice dans sa
vaste entreprise, et que sa présence et ses exhortations
durent puissamment encourager l'évêque de Paris.

---

(¹) Voy. Jean de Thoulouze, *Annales*, t. I, p. 903.
(²) D'après les *Regesta* de Jaffé (I, p. 691).
(³) La *Nouvelle Biographie générale* de F. Didot, art. *Sully (Maurice de)*
rapporte sans raison au mois de juillet la pose de la première pierre de l'édifice de la cathédrale.
(⁴) « Nous inclinerions à croire que le sculpteur a voulu représenter
» Alexandre III qui passe pour avoir posé la première pierre de Notre-Dame,
» pour laquelle sa famille paraît avoir eu un attachement particulier : un
» de ses neveux légua au chapitre une somme d'argent pour les travaux de
» l'église. » Delaborde, *Procès du chef de Saint-Denis* en 1410 (*Mém. de la
Soc. de l'Hist. de Paris*, t. XI, 1884, p. 366).

C'est par le chœur que commença la construction de la
cathédrale. La nef et les bas-côtés ne furent entrepris qu'après
le chœur, qui était déjà construit presque entièrement en 1177.
La preuve de cette rapide exécution des travaux résulte du
témoignage précis de Robert du Mont: « Il y a déjà long-
» temps, dit-il, que Maurice, évêque de Paris, travaille et
» avance beaucoup à élever la cathédrale de ladite Cité. Le
» chevet en est déjà terminé, moins le grand comble (¹). »

Ce point avait une grande importance : car une fois
le chevet terminé, la célébration des saints offices pouvait
avoir lieu dans le chœur. On comprend que Maurice de
Sully ait accéléré les travaux pour atteindre au plus tôt ce
résultat (²).

En 1182 (19 mai), quatre jours après la solennité de la
Pentecôte, le maître-autel de Notre-Dame fut consacré par
Henri de Château-Marçay, légat du Saint-Siège, assisté de
Maurice de Sully. C'est ce que nous apprend la chronique
de Limoges (³). La même année, le chroniqueur d'Anchin

---

(¹) « *Mauricius, episcopus Parisiensis, jamdiu est quod multum laborat*
» *et proficit in ædificatione ecclesiæ prædictæ civitatis, cujus caput jam*
» *perfectum est, excepto majori tectorio. Quod opus si perfectum fuerit, non*
» *erit opus citra montes, cui apte debeat comparari.* » (Chron. de Robert de
Torigni, abbé du Mont-Saint-Michel, éd. L. Delisle, t. II, p. 68.) « Ce texte, dit
» l'éditeur, est un des plus précieux qui nous soient arrivés sur la construction
» de Notre-Dame de Paris ».

(²) Cf. un passage du mémoire que composa Suger sur son administration
abbatiale, où il constate, avec une joie mêlée de fierté, à la date de 1143,
l'achèvement du chœur de la nouvelle église qu'il construisait à Saint-Denis :
« XXVIII, *de augmento superioris partis* : « Eodem vero anno, tam sancto
» et tam fausto opere exhilarati, *ad inchoandam in superiori parte divinæ*
» *propitiationis cameram*, in qua jugis et frequens Redemptionis nostræ
» hostia absque turbarum molestia secreto immolari debeat, accelera-
» vimus.... Quod quidem *gloriosum opus* quantum divina manus in talibus
» operosa protexerit, certum est etiam argumentum, quod in tribus annis et
» tribus mensibus totum illud *magnificum opus* et in inferiore crypta et *in*
» *superiore voltarum sublimitate*, tot arcuum et columnarum distinctione
» variatum, etiam OPERTURÆ INTEGRUM SUPPLEMENTUM admiserit. » (Suger,
éd. Lecoy de la Marche, p. 190.)

(³) « *Feria quarta Pentecostes Henricus legatus altare S. Mariæ*
*Parisius consecrat una cum Mauricio præsule.* » (*Gaufredi prior, Vosiensis*

cite avec éloge la magnificence du nouvel édifice, cette
œuvre, dit-il, si belle et si somptueuse *(decentissimo et sumptuoso opere)* [1].

Trois ans plus tard, le patriarche de Jérusalem, Héraclius,
venu à Paris pour prêcher une troisième croisade, officia dans
le chœur de la cathédrale [2].

C'est devant le maître-autel que fut enseveli, en 1186,
Geoffroy, comte de Bretagne [3]. La reine Isabelle de Hainaut,
femme de Philippe-Auguste et sœur de Baudouin, comte de
Flandre, reçut, en 1190, la sépulture dans le même lieu. A
cette occasion, l'évêque de Paris, sur la demande du roi de
France, fit construire dans la cathédrale un autel que deux
clercs étaient chargés de desservir [4].

C'est vers l'époque où furent terminés le chœur et le
maître-autel qu'eurent lieu deux donations importantes,
rapportées par l'Obituaire de Notre-Dame. L'une est celle
d'une somme de vingt livres que le second dignitaire du
Chapitre, le chantre Albert, laissa pour la confection des
stalles du chœur de la cathédrale [5]. L'autre est celle d'un

*pars altera chronici Lemovicensis,* ap. *Hist. de France,* t. XVIII, p. 212.)
L'auteur de cette chronique était contemporain de Maurice de Sully.

[1] « *Ecclesiam Beatissime Dei Genitricis Marie, in qua ipse residet
episcopus, propriis magis sumptibus quam alienis, decentissimo et sumptuoso opere* RENOVAVIT. » (Pertz, *Monumenta Germaniae historica, Scriptores,*
t. VI, p. 421.)

[2] Bouquet, *Historiens de France,* t. XVII, p. 14, chronique de Rigord:
« *Sequenti die in ecclesia B. Marie missam celebravit et sermonem ad popu-
lum fecit.* » (Éd. Delaborde, I, 47.)

[3] *Obiit Gaufridus, comes Britonum, filius regis Henrici, apud Parisius
sepullusque est* PRIMUS OMNIUM IN ECCLESIA BEATÆ MARIÆ *in eadem urbe.
(Ex Radulphi Coggeshalæ abbatis chronico anglicano,* ap. dom Bouquet,
*Hist. de France,* t. XVIII, p. 60.) Cf. Rigord: « *In eadem ecclesia* ANTE
MAJUS ALTARE. » (Éd. Delaborde, p. 68.)

[4] Guérard, Cartul. de l'Eglise de Paris, *Obituarium ecclesie Parisiensis,*
IV, p. 29. — Cf. Rigord: « *.... sepulta est in ecclesia Beatissime Virginis
Marie Parisius....* » (Éd. Delaborde, p. 98.) — Cf. Guilhermy, *Inscriptions
de la France,* t. I, p. 10.

[5] *Obituarium Ecclesie Parisiensis :* « *Dedit etiam nobis ....viginti libras
» Parisiensis monete ad sedes novi chori faciendas.* » (Guérard, t. IV, p. 119.)

vitrail, d'une valeur de quinze livres, qui fut faite par le doyen du Chapitre, Barbedor, à la fabrique de Notre-Dame [1]. Les anciens vitraux du xiie siècle subsistèrent en partie jusqu'en 1741 dans le haut du chœur de la cathédrale. « Ces » vitres, dit un auteur du siècle dernier, Levieil [2], dont la » compétence est reconnue, les plus anciennes de celles qui » avoient été faites pour la nouvelle église, datoient au plus » tard de 1182, temps où le chœur fut fini.... »

L'architecture du chœur ne différait pas beaucoup alors, dans l'ensemble, de ce qu'elle est aujourd'hui. On sait qu'elle est formée d'abord d'une rangée circulaire d'arcades, puis d'une galerie ou *triforium,* au-dessus de laquelle s'élèvent de hautes fenêtres. Les arcades sont restées ce qu'elles étaient avec leurs supports massifs; le *triforium* avait alors, dans sa partie supérieure, suivant la remarque de Viollet-le-Duc [3], de petites roses munies de châssis de pierre, destinées à en éclairer l'intérieur; les fenêtres du chœur étaient d'une dimension moindre et d'une décoration encore plus simple que celle d'aujourd'hui, puisqu'elles n'avaient qu'une seule baie, au lieu des deux baies surmon- tées d'un *oculus,* qui existent actuellement. La première travée du chœur présente encore cette ancienne disposition architecturale que nous rappelons ici [4].

Tandis que le chœur achevé entièrement, ou peu s'en faut, et consacré au culte s'ornait de stalles et de vitraux et s'entourait de chapelles, on travaillait à la construction de la nef. On terminait les murs, et l'on approchait vraisembla- blement de la toiture en 1196, ainsi que le montre le legs de

---

[1] *Obituarium Ecclesie Parisiensis :* « *Et fecit fieri vitream quindecim* » *libris comparatam.* » (Guérard, t. IV, p. 200.)

[2] Levieil, dans son ouvrage intitulé : *l'Art de la peinture sur verre et de la vitrerie,* chap. VIII, p. 23 et suiv.

[3] Voy. Viollet-le-Duc, *Dictionn. d'architecture,* t. VIII, p. 39, vo *Rose; ibid.,* t. II, p. 291, 292 (fig.), vo *Cathédrale.*

[4] *Ibid.,* t. II, p. 291 : voir l'aspect intérieur (coupe longitudinale) de deux travées primitives de la cathédrale. (Voy. infra Planch. II.)

cent livres qui fut fait, à cette date, par Maurice de Sully pour les frais d'une couverture en plomb destinée au nouvel édifice (¹). Tout porte à croire que les travaux de construction, si rapidement conduits de 1163 à 1182, ne furent pas poursuivis avec moins d'activité depuis cette dernière date jusqu'à 1196, année où se termine le long épiscopat de Maurice de Sully.

Mais, à la mort de Maurice, ni le portail, ni les tours n'étaient encore élevés : car, par leurs caractères archéologiques, ils appartiennent au commencement du xiiie siècle (²). Il est même très probable que la construction de la nef n'avançait point au delà de la deuxième

---

(¹) C'est par erreur que Viollet-le-Duc et Guilhermy disent que l'évêque Maurice de Sully légua 5,000 livres à cette occasion. (Viollet-le-Duc, art. *Cathédrale*, t. II, p. 286 et Guilhermy, *Itinéraire archéologique de Paris*, p. 24.) Sur la livre d'alors et sur sa valeur comparée, voy. la préface du *Cart. de Notre-Dame*, par B. Guérard.

(²) Voy. cependant pour le tympan de la porte de droite du grand portail, dite porte Sainte-Anne, *supra*, p. 31. Nous ne partageons pas l'opinion de Guilhermy (*op. cit.*, p. 74-75), qui attribue la construction de ce tympan à une période d'années du xiie siècle, *qui s'étendrait jusqu'à 1180*, date de la mort de Louis VII, et qui prétend y retrouver la représentation figurée de Maurice de Sully ; ce tympan date plutôt de la première moitié du xiie siècle (cf. Viollet-le-Duc, VII, p. 421, 431, vo *Porte*). — Si les portes de la grande façade de la cathédrale ne furent pas commencées sous l'épiscopat de Maurice de Sully, ce qui n'aurait rien d'invraisemblable, à cause de la rapidité des constructions, il est certain qu'elles furent édifiées sous son successeur immédiat, Eudes de Sully. En effet, un acte de cet évêque mentionne, en 1208, pour la première fois, à notre connaissance, les portes de la grande façade du nouvel édifice dans les termes suivants : « *in recompensationem quarumdam domorum et edificiorum Domus pauperum* ANTE PORTAS ECCLESIE NOSTRE *site pro necessitatibus et utilitatibus fabrice ecclesie dirutorum.* » (Extrait des notes manuscrites de Berty, d'après les Archives de l'Hôtel-Dieu, extrait dont nous avons eu communication au Bureau des travaux historiques de la ville de Paris.) Il résulte de cet acte que les portes de la grande façade de la cathédrale étaient, en 1208, c'est-à-dire à la fin de l'épiscopat d'Eudes de Sully, sinon entièrement construites, du moins en pleine voie de construction : ce qui justifierait l'opinion de Viollet-le-Duc qui attribue aux premières années du xiiie siècle la construction de ces portes, notamment de celle qui est percée sur le collatéral nord (1205-1210), et qui est connue sous le nom de porte de la Vierge. (Viollet-le-Duc, *ibid.*)

travée avant les tours. En effet, les piliers de la nef
sont jusqu'à cet endroit monocylindriques, comme au
xii<sup>e</sup> siècle, tandis que ceux qui se trouvent placés près
des tours sont cantonnés de quatre colonnes suivant l'usage
du xiii<sup>e</sup> siècle ([1]).

Quant au transept actuel, il appartient, par ses caractères archéologiques, au milieu du xiii<sup>e</sup> siècle ; toutefois il
est très vraisemblable qu'il fut commencé au xii<sup>e</sup>.

Ainsi, surtout par le développement du chœur, l'église
Notre-Dame s'éloignait notablement, au xii<sup>e</sup> siècle, du plan
suivi alors dans les grandes églises monastiques. Peu de
chapelles, un seul autel principal, le trône de l'évêque placé
derrière à l'abside. Tout autour, dans de larges collatéraux,
dans la nef, la foule des fidèles ; à l'entrée du chœur, une
tribune pour lire l'épître ou l'évangile ; les stalles du chapitre
dans le chœur, des deux côtés de l'autel. La cathédrale, dans
cet état, au moment où elle prend une grande importance,
est, pour se servir encore des expressions de Viollet-le-Duc,
« une immense salle, dont l'objet principal est l'autel, et la
» *cathedra*, le siège du prélat, signe de la justice épis-
» copale ([2]). »

La légère déviation de la nef, dont il existe, comme
on sait, des exemples dans d'autres églises, a donné lieu
à diverses interprétations. Les uns ont cherché à expliquer cette apparente irrégularité par l'existence d'un plan
ancien antérieur à l'épiscopat de Maurice de Sully et
modifié par cet évêque. Nous pensons que cette hypothèse est suffisamment réfutée par les développements que
nous avons présentés plus haut. Les autres ont cru y voir
la trace d'une légère erreur dans la construction, erreur qui
s'expliquerait par la difficulté de bâtir un aussi vaste édifice
au milieu de constructions qui en auraient gêné l'abord et

---

[1] La même opinion est exprimée dans la *Monographie de Notre-Dame
de Paris,* par Lassus et Viollet-le-Duc, précédée d'une notice par Celtibère,
Paris, s. d., in-pl., p. 13.

[2] Viollet-le-Duc, *Dictionnaire de l'architecture,* v° *Cathédrale.*

n'auraient été démolies que peu à peu. Nous pensons avec d'autres qu'il est préférable de voir dans cette inclinaison de l'axe du chœur une idée symbolique, l'intention de rappeler l'inclinaison de la tête du Christ mourant sur la croix. Une telle application du symbolisme chrétien n'aurait rien de contraire aux idées du moyen âge. Un passage de la *Somme théologique* de Pierre le Chantre (¹) assimile, dans une métaphore symbolique, les chevets des églises à la tête du Christ qui préside à son Église. Il n'y aurait pas loin de cette idée à la représentation figurée que nous supposons ici même.

## § 4

*Origines diverses des fonds employés à la construction ; gestion des fonds.*

Pour construire en si peu d'années la plus grande partie d'un aussi vaste édifice, de grandes ressources étaient nécessaires. Quelles furent celles que Maurice de Sully eut à sa disposition ? Sur ce point, les données ne sont ni très précises, ni détaillées, car on ne possède pas de comptes de fabrique datant de cette époque. On en est réduit à des indications partielles que nous avons cherchées dans les chroniques, dans les chartes ou autres écrits contemporains. Il résulte de nos recherches que l'on peut distinguer au moins quatre sources d'où furent tirés les fonds employés à la construction de la cathédrale :

1° Les revenus de la mense épiscopale ;

---

(¹) « *Cum enim* CAPITA *earum humiliora esse debent* CORPORIBUS *ipsarum pro mysterio, quia* CAPUT *nostrum, Christus scilicet, humilior est* ECCLESIA *sua, altiora nunc eriguntur.* » (*Petri Cantoris Verbum abbreviatum*, ap. Migne, *Patrol. lat.*, CCV, c. 86, col. 255 et suiv.). Par *caput* il faut entendre le chevet, terme qu'on opposait principalement à la nef, appelée *media ecclesiæ testudo quam dicunt navim* (cf. Suger, *Mémoire sur son administration abbatiale*, p. 191, éd. Lecoy de la Marche).

2° Les offrandes des fidèles du diocèse;

3° La contribution du Chapitre, en général, et celle de quelques-uns de ses dignitaires, en particulier;

4° Les donations diverses faites en vue de la construction de la cathédrale.

Nous allons passer en revue ces différentes sources de revenus; nous dirons ensuite à qui appartenait la gestion de ces fonds.

I. — *Revenus de la mense épiscopale.*

Les décisions des papes et celles des conciles avaient établi que le quart des biens de chaque église serait affecté à l'entretien et à la réparation des édifices religieux. C'était l'évêque qui était le dépositaire et le dispensateur de ces biens ([1]). Quant à la part dont l'attribution était ainsi réglée, elle devait être prise sur les revenus de la mense épiscopale ou des offrandes des fidèles ([2]).

C'est surtout de la première de ces sources que Maurice paraît avoir tiré les fonds qu'il employa à la construction de la cathédrale. « Il construisit ce monument en se servant » moins des libéralités d'autrui que des revenus de sa mense. » C'est ce que rapporte le chroniqueur d'Anchin, qui fut témoin oculaire de la construction, ainsi qu'il nous l'apprend lui-même ([3]). Nous savons de source certaine que par son

---

([1]) Voy. Thomassin, *Ancienne et nouvelle Discipline de l'Église*, t. III, p. 690 et suiv.

([2]) « *Tam de reditu quam de oblatione fidelium.* » (Thomassin, *ibid.*)

([3]) « *Ecclesiam Beatissime Dei Genitricis Marie, in qua ipse residet episcopus,* PROPRIIS MAGIS SUMPTIBUS QUAM ALIENIS *renovavit... Vidi cum in quadam non sollemni festivitate, cum hora vespertina decantaretur, non in cathedra episcopali, ut moris est, sed cum ceteris psallentem et sedentem in choro, vallatum plus quam centenario clericorum numero.* » (*Sigeberti continuatio Aquicinctina*, dans Pertz, *Scriptores*, t. VI, p. 421, ann. 1182.) On peut rapprocher de ce témoignage celui d'un autre contemporain, Étienne de Tournai :

*Magnificum structura domus et fabrica templi,*
*Munificum perhibent advena, pauper, inops.*
(*Gallia christiana*, t. VII, col. 76.)

4

habile administration, Maurice multiplia les revenus de
l'évêché de Paris (¹). Imitant l'exemple donné par l'évêque
Gautier de Mortagne, pour la cathédrale de Laon (²), et par
l'abbé Suger, pour l'église de Saint-Denis (³), il consacra ces
revenus, dans la plus large mesure, à la construction de
Notre-Dame, son œuvre de prédilection. On trouve encore
une marque de sa libéralité dans la disposition de son testament, en vertu de laquelle il légua cent livres pour faire
couvrir la nef de l'église (⁴).

II. — *Offrandes des fidèles.*

On peut comprendre dans cette source importante de
revenus (⁵), outre les produits des quêtes qui se faisaient
dans le diocèse et dont les réunions synodales rendaient
compte à l'évêque :

*a.* Les offrandes de l'autel *(oblationes altaris),* faites en
nature ou en argent (⁶).

*b.* Les offrandes des reliques *(oblationes que fiunt in trunco
reliquiarum)* (⁷). C'est ainsi que l'Obituaire mentionne, sous
la date de 1190, celles qui se faisaient dans le tronc des
reliques de Saint-Denis à l'église Notre-Dame. Ces revenus
étaient alors très importants.

---

(¹) L'étendue des possessions épiscopales était alors très considérable ;
l'administration en était régulièrement organisée ; l'activité pratique de
Maurice de Sully sut en multiplier les revenus. L'Obituaire de Notre-Dame
en rend un précieux témoignage en ces termes : « *redditus episcopatus multi-
pliciter ampliavit.* » (Guér., *Obit.,* IV, p. 145.)

(²) Voy. J. Quicherat, *L'âge de la cathédrale de Laon,* dans la *Bibliothèque de l'École des Chartes,* ann. 1874, p. 252.

(³) Voy. Suger, *Libellus alter de consecratione ecclesiæ S. Dionysii,* p. 226.

(⁴) « *Dedit insuper nobis..... centum libras ad tectum novæ fabricæ
faciendum plumbeum.* » (*Gallia christiana,* t. VII, col. 77.)

(⁵) Sur les offrandes usitées à cette époque, voyez notamment Pierre le
Chantre, *Verbum abbreviatum,* p. 106.

(⁶) « *Sive in pecunia, sive in alia re,* » comme dit un texte un peu postérieur, mais désignant le même objet, charte de 1230 dans Guérard, t. III,
p. 12.

(⁷) Guérard, *Obituarium eccles. Paris,* t. IV, p. 29.

Dans son mémoire relatif à la consécration de l'église de Saint - Denis, Suger mentionne aussi ces deux sources de revenus *(oblationes altaris et reliquiarum)* comme ayant servi à la continuation des travaux de son église [1].

c. Les offrandes extraordinaires de l'autel *(redditus altaris)*, offrandes qui étaient déposées sur le voile appelé « surceint » *(succinctorium)*, que l'on étalait à la cathédrale dans certaines solennités, notamment dans celle du Lendit [2]. Il en est fait mention dans deux actes, l'un de 1123 [3], l'autre de 1209 [4].

d. Le prix des indulgences. — Il arrivait au XIIᵉ siècle que les évêques accordaient la remise de leurs pénitences à ceux qui consacraient une somme d'argent à la construction ou à la restauration d'une église ou d'une chapelle. Maurice de Sully paraît avoir suivi cet exemple [5]. C'est ce qu'indiquerait une tradition, que nous nous bornons à rappeler, suivant laquelle Maurice, consulté par un usurier, appelé Thibaut, sur les moyens de sauver son âme, lui aurait donné le conseil de consacrer à la construction de Notre-Dame l'argent acquis par ses usures. Selon le même récit, Pierre le Chantre, plus scrupuleux et moins intéressé dans cette question, aurait donné l'avis de faire restitution de

---

[1] *Libellus alter de consecratione ecclesiæ S. Dionysii*, p. 226, éd. Lecoy de la Marche.

[2] De même Suger : « *Annalem redditum his explendis constituimus,* » *videlicet.... centum libras in Indicto....* » *(Ibid.*, p. 226.)

[3] Guérard, *Cartulaire*, t. I, p. 267.

[4] *Ibid.*, t. II, p. 408.

[5] Voy. Jean Morin, cité par l'*Histoire littéraire*, t. XV, p. 152, et par Ramée, *Manuel de l'histoire générale de l'architecture*, t. II, p. 155. — Cf. Thomassin (*Discipl. ecclés.*, t. III, col. 615), lequel cite des exemples de cette époque. — Nous ferons observer que le P. Morin fait erreur en disant (*De sacram. pœnit.*, lib. X, cap. 20) que les indulgences formèrent l'unique source des revenus, et que c'est par cette industrie spirituelle, *hac spirit[u]ali industria*, que Maurice subvint à une dépense si considérable. Le savant théologien Richard Simon (*Bibl. critique de Sainjore*, t. III, p. 380-382, ann. 1708) a disserté sur le même sujet.

l'argent à ceux qui en avaient été privés ([1]). Quelle que soit la valeur de ce récit ([2]), ne fût-il qu'une fiction imaginée avec une certaine vraisemblance pour mettre en opposition le caractère de ces deux personnages, ce qu'on aurait tort d'affirmer, c'est que ce genre de contribution ait été la principale source des fonds employés à la construction. On a déjà vu, et l'on va voir encore la preuve du contraire.

### III. — *Contribution du Chapitre.*

Les revenus importants que le Chapitre tirait de ses nombreuses possessions et les bons rapports qu'il entretint avec l'évêque, autorisent à penser que ce corps puissant contribua dans une large mesure à la construction de la cathédrale. Toutefois, nous n'avons trouvé dans les textes qu'un seul exemple de l'affectation spéciale d'un revenu capitulaire à l'œuvre de la cathédrale. C'est un acte de 1209, par lequel le Chapitre, d'accord avec l'évêque, déclare que les amendes que les gardiens du trésor, ou chéveciers, auront encourues seront consacrées à l'œuvre de Notre-Dame ou à celle de l'Hôtel-Dieu. Cet acte est postérieur à l'épiscopat de Maurice de Sully, mais les termes dans lesquels il est rédigé montrent qu'il ne s'agit pas d'une institution nouvelle.

On a vu précédemment que deux dignitaires du Chapitre, le doyen Barbedor et le chantre Albert, firent des dons personnels pour la nouvelle église.

### IV. — *Donations diverses.*

Enfin, l'Obituaire de Notre-Dame rapporte trois donations qui furent faites spécialement en vue de l'œuvre de la

---

([1]) Voy. Césaire d'Heisterbach, *Dialog.*, lib. II, *de contritione*, c. 34. — Césaire d'Heisterbach, prieur des Cisterciens de cette ville, né vers 1180, mort vers 1240, auteur d'un traité *De miraculis et visionibus sui temporis s. Dialogus miraculorum;* la trop grande crédulité de cet écrivain est généralement reconnue.

([2]) Voyez Pierre le Chantre, *Monastica vel ecclesiastica ædificia*..... (*op. cit.*, Migne, t. CCV, col. 257).

cathédrale. C'est d'abord celle de Louis VII qui accorda au Chapitre deux cents livres pour l'entreprise de la construction (¹). C'est ensuite celle de Guillaume des Barres qui fit don de cinquante livres (²). C'est encore une donation de deux marcs d'argent dont l'auteur, du nom de Gentil, était neveu du pape Alexandre III (³).

La gestion des sommes destinées à la construction de la cathédrale appartenait à la Fabrique. Au xiiᵉ siècle, comme plus tard, c'était là un service compris dans un des principaux offices du Chapitre de Notre-Dame, celui de la chambre *(officium camere)* (⁴). Le membre du Chapitre qui était chargé, seul ou conjointement avec un autre délégué, de l'administration de ces fonds s'appelait chambrier *(camerarius)*. Nous avons la preuve que cet office existait dès le xiiᵉ siècle, avant l'épiscopat de Maurice de Sully (⁵). Nous n'avons pas rencontré alors la mention expresse de fabricien en titre, de maître de la Fabrique, comme on la rencontre au commencement du xivᵉ siècle. Mais ce qui est intéressant à noter, c'est que dès la première moitié du xiiᵉ siècle, une charte importante (⁶) montre que des fonctions de ce genre étaient confiées, en partie, au chévecier *(capicerius)* et à un cha-

---

(¹) « *Ad fabricam ecclesie.* » (Guérard, *Obituar.*, t. IV, p. 153.)

(²) Guérard, *ibid.*, p. 37.

(³) Guérard, *ibid.*, p. 170. Ce personnage, qui fut clerc du roi d'Angleterre Henri II, serait mort en 1185, selon Jean de Thoulouze (*op.cit.*, t. I, pars 2ᵃ, p. 309). Le marc valait alors deux livres. (Voy. Guérard, *Préface* du *Cartul. de Notre-Dame.*)

(⁴) « L'administration des possessions, des rentes et autres revenus de la » chambre, *camera*, devait être une des plus importantes des administrations » concernant les fonds généraux de l'église. Elle embrassait toutes les matières » qui sont du ressort de ce qu'on appelle aujourd'hui la Fabrique, etc. » (Guérard, *Préface du Cartul. de Notre-Dame*, p. clx).

(⁵) Voy. vers 1130 : *Fromundus camerarius* (Guérard, I, p. 374) ; — en 1195 : *Radulphus camerarius* (Guérard, t. II, p. 356).

(⁶) Voy. pièces justificatives, d'après Guérard, *Cartul.*, I, p. 266, et le *Cartul. génér. de Paris*, p. 218 (acte de 1123) ; voy. *supra*, p. 24.

noine choisi à la fois par le Chapitre et par l'évêque ; tous deux, en tant que gardiens *(custodes),* étaient tenus de rendre compte de leur gestion. Le chévecier avait plus particulièrement la garde des offrandes des fidèles, et il devait veiller à la conservation de tous les objets sacrés du sanctuaire, l'évêque était responsable des actes du chévecier.

Ainsi, le Chapitre et l'évêque participaient en commun à la gestion des fonds destinés à la construction de la cathédrale.

Le terme de marguillier n'avait pas alors le sens qu'il a aujourd'hui et désignait la personne spécialement chargée de la garde de l'église. Au xiiᵉ siècle, cette charge était occupée par un seul marguillier laïque *(matricularius laïcus).* La sonnerie des cloches était dans ses attributions. Nommé, selon toute vraisemblance, par l'évêque, il était entretenu par ses soins et devait prêter serment de fidélité au Chapitre. Il jouissait de certains droits et prérogatives, ainsi que de produits et revenus qui étaient attachés à sa charge. Pendant l'épiscopat de Maurice de Sully, c'est un de ses neveux, du nom de Jean, qui s'acquitta de ces fonctions (1). On rencontre plusieurs fois la souscription du marguillier de Notre-Dame dans les chartes épiscopales.

§ 5

*De l'architecte et des corps de métiers employés*
*à la construction de la cathédrale.*

I. — Le nom de Maurice de Sully est resté, à juste titre, attaché à la reconstruction de la cathédrale de Paris ; car il a été vraiment l'âme de cette grande entreprise. Mais à qui revient l'honneur de l'œuvre architecturale proprement dite ?

---

(1) L'Obituaire de l'Église de Paris renferme une mention qui lui est relative. (Guérard, t. IV, p. 181 ; cf. *ibid.,* p. 8, et Bibl. nat., *ms. lat.* 14673.)

Sait-on quelque chose sur l'architecte qui a entrepris la construction de la cathédrale?

Il ne faut point s'attendre à rencontrer dans les textes
du xiie siècle le terme même d'*architecte*. Cette dénomination était tombée depuis longtemps en désuétude pour ne
plus reparaître qu'au xve et surtout au xvie siècle. Mais, si le
mot avait disparu de la langue des chartes, la chose qu'il
désignait était plus que jamais en honneur. On donnait
alors le nom d'*opus* (¹), ou bien encore de *fabrica* (²), à
l'œuvre de la construction d'un monument, église ou cathédrale. Ceux qui y travaillaient étaient désignés dans l'Ile-de-
France, au milieu du xiie siècle, par le terme d'*operarii* (³),
c'est-à-dire, à proprement parler, gens de l'œuvre, employés
à la construction aussi bien qu'à la décoration de l'édifice.
Tels étaient les maçons, tailleurs de pierre, sculpteurs ou
tailleurs d'images, charpentiers, orfèvres, etc.

Mais celui qui dirigeait toutes les parties de la structure
et de l'ornementation d'un monument tel qu'une cathédrale
était appelé, nous en avons la preuve, dès le xiie siècle (⁴),
le MAISTRE *(magister)*, c'est-à-dire le *maistre de l'œuvre*, sui-

---

(¹) « *Ad opus ecclesic reparandum.* » (Guérard, *Obituar. Eccl. Paris.*, IV,
p. 170.) — Cf. Suger, *De consecratione ecclesiæ S. Dionysii :* « *de convenientia
et cohœrentia antiqui et novi operis* », éd. Lecoy de la Marche, p. 218, et
*passim*, etc.

(²) *Fabrica ecclesie, nova fabrica ecclesie*, termes désignant expressé-
ment la construction de l'église Notre-Dame à la fin du xiie siècle. (Guérard,
*Obituar.*, IX, p. 37, p. 146, p. 153.)

(³) Le passage suivant de Suger (*De consecratione ecclesiæ S. Dionysii*,
éd. Lecoy de la Marche, p. 218) en est la preuve : « *Cementariorum, latho-
» morum, sculptorum et aliorum operariorum solers succedebat frequentia.* »
C'est ainsi que les artisans qui travaillaient aux vitraux étaient appelés *vitrea-
rum operarii* (Suger, *Mém. sur son administration abbatiale*, p. 191,
éd. Lecoy de la Marche.)

(⁴) Nous tirons ce témoignage de la précieuse chronique de Gervais de
Cantorbéry, citée par Viollet-le-Duc, art. *Cathédrale* (p. 349), qui rapporte que,
lorsque la cathédrale de Cantorbéry fut en partie incendiée en 1174, on
choisit pour la reconstruire un certain Guillaume de Sens, qui avait été déjà,
selon toute vraisemblance, le constructeur de la cathédrale de Sens et qui
devint pendant plusieurs années (1174-1178) le MAITRE de l'œuvre de la cathé-

vant l'expression usitée au XIIIᵉ siècle ([1]). On rencontre aussi, pendant ce dernier siècle, la dénomination de maître tailleur de pierres ou appareilleur *(magister lathomus)* appliquée, par exemple, au milieu de ce siècle. au constructeur du transept méridional de Notre-Dame, Jean de Chelles ([2]). Ce terme, plus spécial que le précédent, la pierre n'étant pas l'élément unique de la construction, ne s'appliquait pas d'ordinaire, vraisemblablement, à l'architecte chargé de la direction en chef des travaux de construction : encore faut-il observer avec Viollet-le-Duc que le maître de l'œuvre, au moyen âge, était forcément appareilleur, et que, le système de l'architecture gothique une fois admis, il était nécessaire que l'architecte traçât lui-même les épures des divers membres de son édifice ([3]).

Il résulterait de ce qui précède que, dans les inscriptions, chroniques ou chartes de la fin du XIIᵉ siècle, le nom du premier constructeur de l'édifice de Notre-Dame ne pourrait guère apparaître que précédé ou suivi des titres de *magister*, ou bien encore *magister operis, magister latomus*. Or, nos recherches à cet égard sont demeurées, il faut le dire, infructueuses.

Les chroniques se taisent là-dessus, et leur silence si

---

drale de Cantorbéry. Il est ainsi désigné dans la chronique de Gervais, « MAGISTER *noster Willelmus* » ou encore simplement MAGISTER. (*Twisden's Hist. anglican. Scriptores,* 1652, fᵒ, coll. 1298, 1299.)

([1]) Viollet-le-Duc, vᵒ *Architecte :* inscription de la fondation de la cathédrale d'Amiens, I, p. 109 ; cf. *ibid.* : inscription de la fondation de l'église Saint-Nicaise, à Reims.

([2]) *Anno. Domini. MCCLVII. mense. februario. idus. secundo.*
*Hoc. fuit. inceptum. Christi genitricis honore.*
*Kallensi.* LATHOMO. *vivente. Johanne.* MAGISTRO.
(Voy. Guilhermy, *Itinéraire archéologique,* p. 86.)

En 1275 : « *Lathomus et carpentarius ecclesie Parisiensis jurati* » (Guérard, t. II, p. 478) ; cf. 1293, charte de Geffroy, dit *l'appareilleur* du roi (*ibid.*, t. III, p. 94).

([3]) Viollet-le-Duc, *Dictionnaire...*, vᵒ *Architecte*, 1, p. 45 ; cf. vᵒ *Ouvrier*. Il est à remarquer, dit Viollet-le-Duc, que toutes les représentations *figurées* des *maîtres d'œuvres* du moyen âge les montrent chacun avec le grand compas d'appareilleur à la main. On les reconnaît à cet attribut.

fréquent en France, en telle matière, n'a rien qui doive beaucoup nous étonner à cette époque, puisque Suger qui a été, comme on l'a vu, l'historien de sa propre administration, omet le nom de celui ou de ceux qu'il préposa lui-même à la construction ou à la décoration de l'église de Saint-Denis, tandis que la chronique anglaise de Cantorbéry nous a gardé le nom, trop oublié aujourd'hui, de l'architecte français, Guillaume de Sens, qui travailla vers 1175 à la cathédrale de cette cité anglaise (¹).

Les chartes de cette époque ne nous renseignent pas mieux que les chroniques et les inscriptions. Nous avons examiné un grand nombre d'actes émanés de Maurice de Sully ou du Chapitre de l'église de Paris. Ils portent, comme on sait, de nombreuses souscriptions de personnes ecclésiastiques ou laïques. Mais le titre de *magister,* qui s'y rencontre fréquemment, ne *semble* porté que par des clercs pourvus de grades canoniques, et il n'est guère possible d'établir à cet égard une distinction dans les souscriptions des chartes. Il est tout à fait vraisemblable que c'est parmi les laïques, à une époque où les corps de métiers attachés aux constructions prenaient de plus en plus d'importance dans l'Ile de France, que devait se trouver ce premier constructeur de la cathédrale actuelle, ainsi que cela eut lieu dès le commencement du siècle suivant, pour d'autres cathédrales ou églises de la France du Nord (²).

Quant au terme de *lathomus, magister lathomus,* il ne se rencontre pas dans les actes de l'Église de Paris à la fin du xiiᵉ siècle, comme on l'y trouve au siècle suivant (³). Le seul

(¹) Voy. *supra,* p. 55, note 4. La chronique de Gervais donne des détails judicieux et multiples sur la construction de la cathédrale de Cantorbéry (voy. *The architectural history of Canterbury cathedral by Willis*), dont Guillaume de Sens a élevé notamment les deux transepts ou croisillons de l'est. Le nom de cet architecte français mérite d'être cité à côté de ceux des architectes justement célèbres du xiiiᵉ siècle, Robert de Luzarches, Robert de Coucy, etc..., qu'il précède chronologiquement.

(²) Cf. Viollet-le-Duc, t. I, vᵒ *Architecte.*

(³) Voy. *supra,* p. 56, note 2.

terme de constructeur que nous ayons rencontré dans ces
actes, à la fin du XIIᵉ siècle, est celui de *cementarius,* maçon,
appliqué à un témoin, du nom de Richard, dans un seul acte
de Maurice de Sully[1], terme qui, après avoir eu, quelquefois,
dans les siècles précédents, une acception large, se prenait
généralement alors, comme au siècle suivant, dans le sens
restreint qu'il a d'ordinaire [2].


II. — Quant aux différents corps de métiers qui concou-
raient à l'œuvre commune de la construction et de la décoration de la cathédrale, tels que maçons, charpentiers, sculpteurs, verriers, orfèvres, ils comprenaient des artisans, dont
plusieurs étaient, en langage moderne, des artistes, vu
le caractère élevé et même intellectuel de leurs travaux.
Quelques passages du Livre des Métiers permettent d'affirmer qu'il existait déjà des corporations de charpentiers et
de maçons, bien qu'aucune confirmation de leurs statuts
ne remonte jusqu'à cette époque [3]. Suger parle, dans
ses œuvres, des charpentiers de Paris *(Parisienses lignorum*

---

(1) Guérard, *Cartul. de l'église Notre-Dame,* t. I, p. 71 ; *Decima de Campellis :* « Huic rei testes interfuerunt quamplures, tam clerici quam laici.....
» Gilibertus de Gueregniaco, Symon de Candor, Gocelinus de Santeaco,
» Robertus de Atiliaco, Hodius de Genuliaco, Morellus de Campellis.....
» *Ricardus cementarius.* Actum publice, in presentia nostra, apud Moysetum,
» in octabis S. Dionysii, anno ab Incarn. Domini MCLXIIII, episcopatus vero
» nostri anno IIIIᵒ. »

(2) Il résulte de la chronique de Gervais de Cantorbéry, dont il a été question plus haut, que dans les constructions de cathédrales, à côté du maître
investi de la direction de l'œuvre, il pouvait y avoir un conducteur de travaux
chargé de guider les maçons ou *cementarii :* « *Magister... cuidam monacho...
» qui* CEMENTARIIS *præfuit, opus consummandum commendavit.* » (*Op. cit.,*
col. 1299.) Il est vraisemblable que des clercs, des religieux, pourvus d'apti-
tudes et de connaissances spéciales, servaient parfois d'auxiliaires aux
architectes des cathédrales.

(3) « Li morteliers, dit l'un de ces passages, sont quite du gueit et tout
« tailleur de pierre, trés le tans Charles Martel, *si come li preudome l'en oï
» dire de pere a fil.* » (*Règlemens sur les arts et métiers de Paris...* d'Étienne
Boileau, éd. Depping, p. 111.)

*artifices)* (¹) auxquels il demanda conseil pour les bois de charpente destinés à ses constructions abbatiales. Leurs successeurs immédiats, dans la seconde moitié du XIIᵉ siècle, perfectionnèrent, à force d'adresse et de savoir pratique, l'art de la charpenterie ; car la nouvelle architecture gothique, qui donnait plus d'élévation aux voûtes, demandait aussi aux charpentes qui les recouvraient plus de légèreté et d'élancement (²).

En parcourant les souscriptions des actes de Maurice de Sully, on y trouve quelques souscriptions d'orfèvres *(aurifabri),* mais elles sont très rares, ainsi que les souscriptions explicites d'artisans appartenant aux corps de métiers que nous avons indiqués plus haut.

III. — On n'a pas non plus de renseignements sur la provenance exacte des matériaux qui furent employés à cette construction. Tout porte à croire, il est vrai, qu'une partie des matériaux qui appartenaient à l'ancienne église furent utilisés d'une manière secondaire et dans une certaine mesure seulement pour le nouvel édifice. En cela, on devait se conformer aux prescriptions canoniques. Le théologien Pierre le Chantre dit textuellement en parlant de la charpente et de la maçonnerie des églises : « Il nous est interdit de convertir » en des usages vulgaires les poutres et les pierres d'une » église, une fois que la dédicace les a consacrées au service » de l'église (³). » Mais ce ne pouvait être là qu'une bien faible

---

(¹) Suger, *Libellus alter de consecratione ecclesiæ S. Dionysii,* p. 221, éd. Lecoy de la Marche. Voici ce texte : « Cumque pro trabium inventione » tam nostros quam PARISIENSES *lignorum artifices* consuluissemus, *respon-* » *sum nobis est pro eorum existimatione* verum in finibus istis propter silvarum » inopiam minime inveniri posse, vel ab Autissiodorensi pago necessario » devehi oportere. Cumque omnes in hoc ipso consonarent... cum carpentariis » et trabium mensuris, etc... »

(²) Viollet-le-Duc, *Dictionnaire de l'architecture,* vᵒ *Charpente,* t. III, p. 9.

(³) « *Prohibemur in consecratione distinctione Vᵃ Deo semel dicata* » *etiam ligna et lapides ecclesiæ consecrata in communes usus redigere.* »

partie des matériaux nécessaires à un aussi vaste monument, qui ne formait pas un agrandissement du précédent édifice, mais bien une œuvre nouvelle.

Viollet-le-Duc suppose que les carrières de la colline Saint-Jacques et des environs d'Arcueil (¹) fournirent aux constructeurs de la cathédrale des pierres de construction qu'ils jugèrent suffisamment bonnes et qu'ils n'eurent pas à faire venir de loin. Nous rappelons ici, sans pouvoir la vérifier, cette conjecture d'un maître compétent, en ajoutant seulement que les carrières n'étaient point rares aux environs de Paris (²). — Quant au transport des matériaux de construction, nous voyons qu'il était affranchi des droits si lourds qui pesaient alors sur le commerce. Deux actes, l'un de l'année 1119 (³), l'autre de 1222 (⁴) montrent que cette exemption avait été accordée notamment aux gens qui faisaient des charrois pour le compte de l'évêque et du chapitre.

## § 6

*Jugements des contemporains et des archéologues modernes, sur l'œuvre architecturale de Maurice de Sully.*

Notre intention n'est pas de décrire, au point de vue archéologique, la partie de la cathédrale élevée par Maurice de Sully. Aussi bien, un éminent archéologue s'est-il acquitté

(*Petri Cantoris Verbum abbreviatum*, ap. Migne, *Patrol. latina*, t. CCV col. 126.) Dans le sens général où il emploie ces termes, Pierre le Chantre désigne ici les bois de charpente et les pierres de construction, qui, autant que leur état le permettait, ne durent pas être entièrement négligés pour les constructions neuves. Cf. Suger, *Mémoire sur son administration abbatiale*, qui montre la même réserve *(...antiquæ consecrationis reverentia)*, éd. Lecoy de la Marche, p. 191.

(¹) Viollet-le-duc, *Dictionnaire de l'architecture*, t. II, p. 276, vº *Carrière*.
(²) Voy. Guérard, *Cartul. de l'Église Notre-Dame de Paris*, t. IV : *Dict. géogr., passim.*
(³) Guérard, *ibid.*, I, p. 255.
(⁴) *Ibid.*, p. 123.

de cette description avec beaucoup de compétence et de talent (¹). Ce qui frappe aujourd'hui l'attention de ceux qui examinent ce monument, c'est son harmonieuse unité, sa belle et vaste ordonnance, la simplicité des effets de son architecture. A côté de ces qualités d'ensemble qu'admire l'artiste, ce qui intéresse vivement l'archéologue, ce que révèle à l'architecte l'étude technique des plus anciennes parties de cette cathédrale, c'est qu'on y voit l'art gothique se dégageant du roman et accomplissant déjà la première phase de ses évolutions successives. De là, sur quelques points, les tâtonnements encore incertains, les essais encore imparfaits d'un style naissant, que le xiiie siècle allait amener à sa pleine constitution, et dont l'église Notre-Dame, achevée par les successeurs de Maurice de Sully, devait présenter un des types les plus remarquables. « Il semble, dit Viollet-le-Duc (on peut encore se rendre » compte de cet effet en examinant la première travée de la » nef laissée dans son état primitif) que les constructeurs aient » été embarrassés de finir un édifice commencé sur un plan » vaste et largement conçu. Jusqu'à la hauteur de la galerie » on trouve dans les moyens d'exécution une sûreté, une » franchise qui se perdent dans les œuvres hautes, trahissant » au contraire une certaine timidité. C'est qu'en effet, jus- » qu'aux appuis des fenêtres supérieures, la tradition des » constructions romanes servait de guide, mais à partir de » cette arase *(mise à niveau),* il fallait employer un mode de » construction encore bien nouveau. Ces difficultés et ces » défauts n'apparaissent pas au même degré dans les ronds- » points des grands édifices de cette époque... Le rond-point » de la cathédrale de Paris, tel que Maurice de Sully l'avait » laissé en 1196, était certainement d'une plus heureuse pro- » portion que les travées parallèles du chœur ou de la nef,

---

(¹) Voy. la *Description de l'église Notre-Dame,* par Viollet-le-Duc; cf. le même auteur, *Dictionnaire raisonné de l'architecture française du* xie *au* xvie *siècle,* t. II, art. *Cathédrale,* p. 285 et suiv.; t. I, art. *Architecture,* p. 192 et suiv.

» mais ce n'était encore, à l'intérieur du moins, qu'une tenta-
» tive, non une œuvre complète..... (¹). »

Mais ce que nous voudrions surtout rechercher, ce sont les impressions que ressentirent les contemporains, quand ils assistèrent à la construction d'un édifice, qui par son étendue et sa décoration différait si notablement des églises romanes de l'Ile-de-France. La vue de l'œuvre nouvelle leur inspira généralement des sentiments d'admiration naïve, dont deux chroniqueurs très dignes de foi nous ont transmis le témoignage. Nous avons déjà rapporté la mention si précise du chroniqueur d'Anchin (²). Celle de Robert du Mont ou de Torigny est bien connue. Robert s'exprime ainsi au sujet de la construction de Notre-Dame : « Pour cette œuvre, si l'on » parvient à l'achever, il n'y en aura point d'autre, à vrai » dire, en deçà des monts, qui puisse lui être comparée (³). »

Toutefois, les progrès de l'architecture, le luxe qui se répandait dans les églises du xiiᵉ siècle, dans les cathédrales nouvellement construites, causaient des alarmes aux esprits austères ou chagrins. Déjà saint Bernard, dans une de ses lettres, avait blâmé « la hauteur immense des églises, » leur longueur extraordinaire, l'inutile ampleur de leurs nefs, » la richesse des matériaux polis, les peintures qui attirent le » regard. » — « O vanité des vanités, ajoutait-il, mais encore » plus insensée que vaine! L'Église brille dans ses murailles! » Elle est nue dans ses pauvres. Elle couvre d'or ses pierres » et laisse ses fils sans vêtements... (⁴). » Vers la fin du douzième siècle, nous retrouvons les mêmes plaintes formulées d'une façon moins oratoire, mais plus sentencieuse, dans les écrits de Pierre le Chantre (⁵), écrivain ecclésiastique, qui

---

(¹) *Dictionnaire raisonné de l'architecture*, I, p. 194.

(²) Voy. *supra*, p. 43.

(³) *Ibid.*

(⁴) *Apologia ad Guillelmum*, c. 12 (cf. éd. Palmé, II, p. 285); cf. Bayet, *Précis d'histoire de l'art*, p. 165.

(⁵) *L'Histoire littéraire de la France*, éd. Palmé, t. XV, p. 2 et suiv., consacre une étude intéressante à la vie et aux écrits de Pierre le Chantre, notamment au *Verbum abbreviatum*, p. 283 et suiv., mais, en ce qui concerne

occupa, comme on sait, l'une des premières charges de l'Église de Paris, sous l'épiscopat de Maurice de Sully. Dans sa *Somme ecclésiastique*, composée après 1180, Pierre le Chantre critique amèrement les vices et les travers de son époque; il les décrit et les censure successivement; il blâme aussi le luxe que déploie l'architecture, le caractère plus grandiose et plus fastueux des nouveaux édifices d'ordre religieux ou civil. Nul doute que les reproches du théologien moraliste ne s'adressent, en partie, sous leur forme impersonnelle, à ce qu'il voyait se faire tout auprès de lui, à Paris, au sein même de la Cité. « C'est pécher, » écrit-il, que de construire des églises comme on le fait à » présent. Les chevets de nos églises devraient être plus » humbles que le corps même de l'édifice; et cela à cause de » l'idée mystique qu'ils symbolisent : car le Christ, qui est la » tête de l'humanité, le chevet de son Église, est plus humble » que son Église. Aujourd'hui, bien au contraire, les chevets » des églises sont de plus en plus élevés ([1])!... »

Les nouveaux palais des évêques ne sont point à l'abri des critiques chagrines de Pierre le Chantre : « A quoi bon » l'élévation que vous donnez à vos palais? à quoi servent » ces donjons? à quoi, ces remparts?... C'est une passion » pour les constructions ([2])... » Et cette passion qu'on a partout de bâtir, l'auteur la signale comme une maladie, une épidémie régnante *(morbus ædificandi)*.

Ailleurs, il s'attaque aux moyens pécuniaires qu'on emploie pour bâtir, à l'effet moral qui résulte de l'emploi de ces

---

l'objet spécial qui nous occupe ici, elle se borne dans cette analyse à cette très brève mention: « Les chapitres suivans, jusqu'au 90ᵉ, sont contre la somptuosité des édifices et les autres genres de prodigalité. »

([1]) « *Item etiam in ecclesiis construendis peccatur. Cum enim capita* » *earum humiliora esse debent corporibus ipsarum pro mysterio, quia* » *caput nostrum, Christus scilicet, humilior est ecclesia sua, altiora nunc* » *eriguntur.* » (*Petri Cantoris Verbum abbreviatum*, ap. Migne, *Patrologia* » *latina*, t. CCV, c. 86, col. 255 et suiv.)

([2]) « *Item Prælatus prælato : quid sibi vult ista altitudo domorum* » *vestrarum? quid turres? quid propugnacula in eis?...* » (*Ibid.*, col. 257).

procédés : « Et qu'arrive-t-il? C'est que ce luxe, cette somp-
» tuosité dans les demeures, dans les parois des édifices, ont
» pour effet d'attiédir la piété et d'amoindrir les distributions
» charitables aux pauvres! » Il va jusqu'à dire : « Les édifices
» monastiques, les cathédrales se construisent maintenant
» avec l'usure de l'avarice, avec la ruse du mensonge[1]! »
L'abus des offrandes, source importante de revenus pour la
cathédrale, comme on l'a vu plus haut, est sévèrement blâmé
par Pierre le Chantre. Selon lui, il ne faut plus d'offrandes, ou
s'il en faut, c'est seulement dans les grandes solennités, dans
les fêtes de patronage ou d'anniversaire; selon lui encore,
peu d'églises, peu d'autels. Voyez, ajoute-t-il, ce qui se pas-
sait dans Israël; là il n'y avait qu'un temple, qu'un tabernacle,
qu'un seul offertoire [2]!

Il nous a paru intéressant de rechercher dans l'œuvre
théologique de Pierre le Chantre les passages que nous
venons de citer. Ils montrent combien le théologien moraliste différait d'opinion avec la plupart de ses contemporains, sur les merveilles de l'architecture de son temps. On
voit qu'alors, comme depuis, il y avait des esprits rigo-
ristes, attachés au passé, et détracteurs des nouveautés
de leur temps. « Que chacun pense sur ce point ce que
» bon lui semble. Quant à moi, j'avoue me complaire dans
» cette opinion que, plus les choses ont de prix, plus
» il y a obligation de les consacrer au service du Sei-

---

[1] « ... *Monastica autem vel ecclesiastica ædificia erecta ex fenoribus et*
» *usuris avarorum, mendaciis deceptionum et deceptionibus mendaciorum,*
» *predicatorum, mercenariorum, quæ ex male partis constructa sæpe dila-*
» *buntur...* » (*Petri Cantoris Verbum abbreviatum*, ap. Migne, *Patrologia
latina*, t. CCV, c. 86, col. 255 et s.)

[2] « ... *Et summum remedium a Gregorio VIII deliberatum esset*
» *amotio oblationum, præterquam ter in anno, die scilicet Natalis, Paschæ,*
» *Pentecostes, et in die solemnitatis patroni ecclesiæ et præsente cadavere*
» *defuncti, et in die anniversarii cujuscumque. Vide in toto Israel non fuisse*
» *templum nisi unicum, unicum tabernaculum, unicum etiam in atrio templi*
» *sub divo altare oblatorium* (III *Reg.*, 6). » (*Ibid.*, c. *Contra missas multa-
rum facierum*, col. 107.)

gneur ([1]). » Ces paroles sont de Suger, et elles répondent mieux au sentiment général de cette époque de ferveur religieuse et de progrès artistique.

---

[1] Nous empruntons cette citation de Suger au *Précis d'histoire de l'art,* récemment publié par M. Bayet, dans la Bibliothèque de l'enseignement des beaux-arts, p. 165.

# DEUXIÈME PARTIE

## Le Palais épiscopal

# CHAPITRE PREMIER

## Des termes par lesquels le Palais épiscopal est désigné dans les textes du VI<sup>e</sup> au XII<sup>e</sup> siècle

C'est au VI<sup>e</sup> siècle que l'on trouve dans les textes historiques les premières indications relatives au palais épiscopal. Il en est de même, on l'a vu plus haut, pour la cathédrale de Paris.

Dans les écrits de Grégoire de Tours, le palais épiscopal de Paris est appelé *domus ecclesiæ,* c'est-à-dire maison de l'église cathédrale (¹).

Nous n'avons pas rencontré d'exemples de cette même désignation, pour Paris, dans les chartes ou chroniques de l'époque carolingienne. Au IX<sup>e</sup> siècle, dans le poème d'Abbon, on voit que la demeure épiscopale est désignée par le terme *aula,* qui s'applique, à proprement parler, à l'une de ses parties essentielles, à la grande salle (²).

Au XII<sup>e</sup> siècle, on ne retrouve plus exactement les mêmes termes qu'à l'époque mérovingienne. La dénomination *domus ecclesiæ* ne reparaît plus. La demeure épiscopale n'est plus appelée « maison de l'église »; ce sont les termes suivants qui la remplacent : « maison de l'évêque », « maison épiscopale »,

---

(¹) *Greg. Turon. Hist. eccl. Francorum,* I, 39; II, 18, 23; IX, 12; cf. *domus ecclesiastica* (IX, 12); cf. encore : *Actes du concile de Paris* de 555 environ, éd. dans la coll. Labbe, ann. 555, et *Cartul. gén. de Paris,* p. XVI.

(²)     *Urbem quo tetigere quidem Titane secundo*
         *Egregii Sigefredus adit pastoris ad aulam.*
                                   (Abbon, l. I, v. 36-37.)
         *Dum tamen hos trames revehit primatis ad aulam.*
                                   *(Ibid.)*

*domus episcopi* (¹), rarement *domus episcopalis* (²), plus rarement encore *sedes episcopi* (³). On voit, par ces exemples, que l'expression en usage est devenue plus précise, à mesure que les biens de l'évêque et ceux du Chapitre sont plus nettement distingués dans l'administration du diocèse (⁴). Quelquefois encore, au xii⁰ siècle, les termes *aula* (⁵), *curia episcopi* (⁶) sont usités pour désigner la grande salle ou la cour de la demeure de l'évêque.

Quant à la dénomination de palais, *palatium,* si fréquente alors pour désigner le palais du roi (⁷), elle est très rarement usitée pour indiquer la demeure de l'évêque (⁸).

Les termes suivants employés au pluriel, demeures épiscopales, maisons de l'évêque *(domos episcopales* (⁹), *mansiones episcopi)* (¹⁰), termes que l'on rencontre dans les textes du xii⁰ siècle, désignent l'ensemble du palais épiscopal avec ses dépendances, tandis que le corps de logis principal est désigné au singulier, par le mot *domus.*

---

(¹) *Cartul. gén. de Paris,* p. 391, n⁰ 462, p. 427, n⁰ 515, etc. (voy. *infra*).

(²) *Cartul. gén. de Paris,* p. 215, n⁰ˢ 194 (ann. 1122).

(³) *Ibid.,* p. 337, n⁰ 378 (ann. 1153-54).

(⁴) *Ibid.,* p. 49, n⁰ 35 (Règlement, fait par l'évêque Inchade, pour le partage des biens de l'Eglise de Paris, entre l'évêque et le Chapitre, en 829).

(⁵) *Guérard,* I, p. 378; *Cartul. gén.,* p. 465, n⁰ 571.

(⁶) *Cartul. gén. de Paris,* p. 179, n⁰ 156; règlement des droits de voirie de l'évêque, vers 1110.

(⁷) Les actes royaux du xii⁰ siècle contiennent la mention suivante : *Actum publice Parisius, anno etc... astantibus in* PALACIO *nostro quorum subtitulata sunt nomina et signa etc.*

(⁸) « *In palatio nostro.* » *Cartul. gén. de Paris,* p. 324, n⁰ 360; cf. Rigord, éd. Delaborde, p. 10.

(⁹) Obit de Maurice de Sully. (Guér., *Obit.,* p. 145.)

(¹⁰) *Sigeb. contin. Aquicinctina :* «*Mansiones renovavit episcopi.*» (Pertz, *Scriptores,* t. VI, p. 421.)

# CHAPITRE II

## L'édifice

————

L'examen des textes historiques nous a conduit à distinguer deux périodes dans l'histoire du palais épiscopal de Paris depuis le vi^e siècle jusqu'à la fin du xii^e :

Une première période qui s'étend jusqu'au milieu du xii^e siècle environ, c'est-à-dire jusqu'à l'épiscopat de Maurice de Sully (1160) ;

Une deuxième période qui comprend la durée de cet épiscopat, de 1160 à 1196.

## § 1

## PREMIÈRE PÉRIODE

### DU VI^e SIÈCLE A L'ANNÉE 1160

« Les palais des évêques, dit Viollet-le-Duc, ont un carac-
» tère qui mérite de fixer l'attention des archéologues. Situés
» dans le voisinage des cathédrales (ce qui est naturel), ils
» sont presque toujours bâtis le long des murailles ou sur les
» murailles mêmes de la cité, et peuvent contribuer à leur
» défense au besoin [1]. » Cette remarque s'applique à l'ancien
palais épiscopal de Paris. Comme ceux de Meaux, de Soissons,

————

[1] Viollet-le-Duc, *Dictionnaire*, t. VII, *Palais épiscopal*, p. 11.

de Beauvais et d'autres cités, l'évêché de Paris a été établi, anciennement, à peu de distance de la cathédrale, auprès de l'enceinte gallo-romaine [1]. Les fouilles faites au sud de la cathédrale actuelle ont mis à découvert, comme on l'a vu, des restes de constructions gallo-romaines, qui se raccordaient très vraisemblablement aux fondations du palais épiscopal et qui permettent de fixer avec une grande probabilité l'emplacement qu'il occupait pendant les époques mérovingienne et carolingienne. Quant à la disposition intérieure, une grande salle, une chapelle, une tour ou donjon, telles sont les principales parties qui composaient anciennement la demeure des évêques de Paris, comme celle des autres évêques de la France du Nord [2]. Le poème d'Abbon fait allusion, au ixe siècle, à cette grande salle [3], qui sera plus tard appelée salle synodale, et qui est l'un des signes extérieurs de la puissance épiscopale.

Il faut arriver jusqu'au premier quart du xiie siècle pour être en possession de renseignements plus précis, tirés des textes, sur la question qui nous occupe. Ces textes, qui sont reproduits dans le Cartulaire de Notre-Dame de Paris, notamment le règlement de 1110 que nous avons analysé plus haut [4], montrent qu'à cette époque le palais épiscopal était situé tout près du bras méridional de la Seine [5], qu'il était voisin de Notre-Dame et de Saint-Étienne [6], et contigu à la partie du cloître qui était comprise entre ces deux églises [7]. (Voy. le plan annexé à la présente étude.)

---

[1] Viollet-le-Duc, *Dictionnaire*, t. VII, p. 14. — Voy. aussi *supra*, ch. II, p. 14.

[2] Cf. *ibid.*

[3] Voy. *supra*, p. 69, note 2.

[4] Voy. 1re partie, chap. II, 2e période, § 2, p. 29.

[5] « Vers 1110 : *Usque ad Sequanam, transeundo scilicet ante curiam episcopi* » (Guér., t. 1, p. 252-253; *Cartul. gén. de Paris*, no 156, p. 179); — « 1125 : *Molendinorum sub domo episcopali in Sequana molentium* » (*Cartul. gén. de Paris*, no 208, p. 228).

[6] Voy. *supra*, p. 29.

[7] « Vers 1127 : *Infra ambitum claustri quidam locus adherens episcopali curie.* » (*Cartul. gén. de Paris*, no 220, p. 233.)

On ne trouve dans les textes aucune trace de la reconstruction de ce palais avant l'épiscopat de Maurice de Sully ; les actes des premières années du xii° siècle ne mentionnent que la reconstruction de la cathédrale.

## § 2

## DEUXIÈME PÉRIODE

### DE 1160 A 1196

L'Obituaire de l'Église de Paris constate comme un titre d'honneur que l'évêque Maurice de Sully avait fait élever les constructions du palais épiscopal. On ne saurait révoquer en doute ce témoignage que confirme une chronique de la même époque [1].

Deux raisons principales semblent avoir décidé Maurice de Sully à reconstruire le palais épiscopal en même temps que la cathédrale. En premier lieu, c'est que l'édifice du palais était très ancien ; c'est aussi que ses proportions et son style ne répondaient pas aux vastes dimensions et à l'architecture de la nouvelle cathédrale. « Chaque fois que » la cathédrale se rebâtit à neuf, écrit Viollet-le-Duc, il est » rare que le palais épiscopal ne soit point reconstruit en » même temps [2]. »

Toutefois, Maurice n'éleva pas sur un terrain différent un édifice entièrement neuf. Divers indices tirés des textes montrent qu'il se proposa d'agrandir et d'exhausser l'ancien

---

[1] « *Domos episcopales novas edificavit* » (Guérard, IV, *Obituar.*, p. 145) ; cf. *Sigeberti contin. Aquicinctina* : « *mansiones renovavit episcopi* » (Pertz, *Scriptores*, t. VI, p. 421). On a déjà vu plus haut (p. 33, note 2) que cette chronique contemporaine est très digne de foi en ce qui concerne le sujet de notre étude.

[2] Viollet-le-Duc, *Dictionnaire raisonné de l'architecture,* t. VII, *Palais épiscopal,* p. 14.

palais, dont il dut conserver d'abord une partie, la grande
salle (¹).

D'une part, en effet, si l'on ignore à quelle époque les
travaux de reconstruction furent commencés, on sait qu'ils
furent menés assez vite pour qu'un acte, dont la date doit
être placée entre 1168 et 1176, mentionne une importante
réunion capitulaire, tenue dans la nouvelle demeure épiscopale « *in domo nova episcopi* », sous la présidence de Guillaume
de Champagne, archevêque de Sens (²).

Mais, d'autre part, une charte de 1179, c'est-à-dire postérieure à la précédente, est datée de l'*ancienne salle* du palais
« *in veteri aula* » (³). Cette salle ancienne que l'on avait con-
servée devait occuper une partie du rez-de-chaussée. Une
nouvelle salle fut aussi construite au rez-de-chaussée, auprès
de l'ancienne. C'est ce qui résulte d'un acte de 1187 ainsi
daté : « *in inferiori aula nova* » (⁴).

Nous n'avons aucun renseignement concernant l'étage
supérieur ; mais un acte de 1170 nous apprend qu'à cette date,
la nouvelle chapelle, située à l'extrémité orientale du palais,
était, sinon achevée, du moins en construction ; car cet acte
est ainsi daté : « *in nova domo nostra, Parisius, ante ostium
nove capelle* » (⁵). Il paraîtrait qu'au-dessus de cette chapelle,
on en édifia une autre que l'on a rapportée aussi à l'époque

(¹) Cf. dans le même sens Viollet-le-Duc, *Dict. de l'architecture*, t. VII,
*Palais épiscopal*, p. 14 : « L'évêché de Paris, reconstruit par l'évêque Maurice
» de Sully, ne faisait que remplacer un palais plus ancien dont les fondations,
» découvertes par nous en 1845 et 1846, peuvent passer pour une structure
» gallo-romaine. »

(²) Guérard, I, 34 ; cf. *Gall. christ.*, t. VII, col. 72 ; cf. Jean de Thoulouze,
*Annales*, t. I, *pars 2ª*, p. 87, ann. 1177 : « *in domo nostra nova* » ; — *ibid.*,
p. 535, ann. 1193 : « *in domo nostra nova* ».

(³) *Actum Parisius in* VETERI AULA, *anno Inc. Verbi Mº Cº LXXº IXº, episc.
vero nostri anno XXº* (*Cartul. gén. de Paris*, p. 466, nº 571).

(⁴) Voy. Guérard, I, 47 : « *in inferiori aula nova* ». D'autres actes sont datés
« *in aula nostra inferiori* » par opposition au premier étage, mais sans que
l'on indique précisément si l'acte est fait dans l'ancienne ou bien dans la nouvelle salle du rez-de-chaussée (1180, *Gall. christ.*, VII, col. 72).

(⁵) *Cartul. gén. de Paris*, p. 401, nº 477.

de Maurice de Sully ([1]), parce qu'elle présentait les mêmes caractères archéologiques que la première ([2]). Mais les textes du xiiᵉ siècle n'en font pas mention.

Un donjon était attenant à ces constructions ; nous n'avons trouvé aucun renseignement relatif à cette partie de la demeure épiscopale. Puis, auprès du palais de l'évêque, s'étendait la cour qui était appelée *curia*.

Indépendamment du palais épiscopal proprement dit, Maurice de Sully éleva des constructions accessoires.

C'est ainsi qu'il relia son palais au chœur de la cathédrale par une galerie qui aboutissait à la troisième travée du chœur à partir du transept actuel. Cette galerie *(porticus)* existait déjà vers 1185. Un acte de cette année, qui existe aux Archives nationales, porte une date ainsi conçue : Fait publiquement à Paris dans la galerie de notre palais épiscopal, laquelle se trouve entre notre palais et la cathédrale : « *Actum publice Parisius in porticu domus nostre, que est inter domum nostram et majorem ecclesiam* ([3]). »

Maurice fit aussi élever auprès du palais des bâtiments destinés à en être les dépendances. C'est ce qu'indiquent, comme on l'a vu plus haut, les termes suivants, employés au

---

([1]) L'abbé Lebeuf assure qu'il est question de ces chapelles dans la *Somme théologique* de Pierre le Chantre ; voici en quels termes l'auteur de ce traité, composé entre les années 1187 et 1197, en aurait parlé : « On douta » si ces deux églises étant l'une sur l'autre, il étoit besoin d'une double » dédicace, et la décision fut que chacune seroit bénite en particulier. » (Lebeuf, *Hist. de Paris, etc.*, éd. Cocheris, t. I, p. 25.) Nous n'avons pu vérifier l'exactitude de cet extrait, ne l'ayant pas retrouvé dans la Somme de Pierre le Chantre. — Quant aux critiques dirigées par ce dernier contre l'architecture de son temps, par exemple, contre les nouveaux palais des évêques, voy. *supra*, § 6, p. 63.

([2]) Voy. la fig. de ces constructions dans le Dictionnaire de Viollet-le-Duc, t. VII, p. 17. Nous la reproduisons à la fin de cette étude.

([3]) Arch. nat., L. 892, nᵒ 13. — Cette galerie, dont parle Du Breul dans le *Théâtre des antiquités de Paris*, a depuis servi, en partie, de salle pour les reliques et les ornements du Chapitre. (Voy. Viollet-le-Duc, *ibid.*, *Palais épiscopal*, p. 14, 45 et 16, avec la figure de l'emplacement de cette galerie.)

pluriel, demeures épiscopales, maisons de l'évêque *(domos episcopales, mansiones episcopi)* ([1]).

C'étaient les maisons occupées par les officiers et par les gens de l'évêque ([2]); et c'est très près de là, faisant vis-à-vis à ces maisons et s'ouvrant de leur côté, que devait s'élever alors la maison du Trésor de Notre-Dame *(domus Thesauri)*, qu'un acte de 1249 signale comme étant déjà ancienne ([3]).

Tel était l'ensemble des édifices qui servaient de résidence aux évêques de Paris, à la fin du XII<sup>e</sup> siècle et dont la construction remonte, comme nous avons essayé de le faire voir, à des dates précises. Quant à leur aspect, on peut juger par d'anciennes gravures que le logis épiscopal offrait une masse imposante ([4]). Ses salles d'une vaste étendue servaient à la réunion des grandes assemblées ecclésiastiques; ses créneaux et son donjon, à côté de sa chapelle, lui donnaient l'apparence d'un palais féodal. C'était là le signe extérieur de la puissance seigneuriale de l'évêque, la marque visible de son caractère féodal au moyen âge. C'est dans ce palais que se réunit en 1179, suivant Rigord, l'assemblée solennelle des évêques et des grands du royaume, convoquée par Louis VII pour le couronnement de son fils, Philippe-Auguste ([5]).

On sait que ce palais a subsisté, avec quelques modifications ([6]), jusqu'à la fin du premier tiers de ce siècle (1831).

---

([1]) Arch. nat., L. 892, n° 13.

([2]) Voy. Du Breul, *Théâtre des antiquités...* 1612, p. 43, cité par Viollet-le-Duc, t. VII, p. 14.

([3]) Guérard, *Cartulaire,* t. II, p. 526 : « *domus thesauri pristina.... [h]ostium quod est a parte domorum episcopalium* ».

([4]) Voy. la photogravure que nous donnons d'après Viollet-le-Duc, *Dict.,* t. VII, *Palais épiscopal,* p. 17; — cf. Guilhermy, *Itinéraire archéologique de Paris,* p. 17, fig.

([5]) Le palais épiscopal ne devint archiépiscopal qu'à dater du XVII<sup>e</sup> siècle. En effet, l'évêché de Paris fut suffragant de Sens jusqu'au 20 octobre 1622, où une bulle de Grégoire XV, confirmée par Louis XIII, le 8 août 1623, l'érigea en archevêché.

([6]) Voy. Viollet-le-Duc, *ibid.,* p. 15 et 16 et fig.

Aujourd'hui, il ne reste plus de vestige apparent de l'ancienne demeure des évêques : la sacristie neuve de Notre-Dame et un jardin public en ont pris la place (1).

---

(1) Voy. Guilhermy, *Itinéraire archéologique de Paris*, p. 17.

# PIÈCES JUSTIFICATIVES

## Vers 1110

CONFIRMATION PAR LOUIS VI DU DROIT DE VOIRIE DE L'ÉVÊQUE
DE PARIS.

*Preceptum Ludovici regis de viatura et hominibus*
*Parisiensis episcopi* ([1]).

*In nomine sanctę et individuę Trinitatis. Quoniam im-*
*mensis adversitatum procellis, multimodis exactionum gene-*
*ribus, sancta Dei Ecclesia frequenter concutitur, nos quidem*
*specialiter, quos Deus aliis voluit preesse et prodesse, ipsis nos*
*periculis opponere debemus, ut quod aut negligentia omissum,*
*aut inordinate presumptum fuerit in meliorem statum, Deo*
*juvante, reformantes, Ecclesiam Dei ex tantis curarum fluc-*
*tibus ad tranquillitatis portum valeamus perducere, et servitio*
*Dei, cui servire regnare est, liberam et quietam omnino effi-*
*cere. — Volumus itaque viaturam quandam a Parisiensibus*
*episcopis antiquitus possessam, sed nostris temporibus a qui-*
*busdam temere usurpatam, presenti scripto determinare, et*
*certis eam limitibus ac terminis distinguere, ut jus suum ex*
*integro Parisiensis obtineat ęcclesia ac de cetero totius alter-*
*cationis sopiatur molestia. — Terra igitur illa quę incipit a*
*porta claustri beatę Marię, ab illa scilicet porta quę proxima*
*est domibus Stephani archidiaconi, illa, inquam, terra a*
*sinistro existens latere, sicut publica distinguit via, usque*
*ad domum Ansoldi, et ab illo domo lineatim usque ad*

---

([1]) « *Exemplar viarie episcopi juxta claustrum canonicorum.* » (B.)

*caput ęcclesie sancti Cristofori, et a capite illo usque ad muros*
*veteris ęcclesię sancti Stephani, tota, inquam, terra illa cum*
*edificiis suis, quemadmodum a predicta circumcingitur et*
*clauditur via, undique usque ad muros claustri beatę Marię,*
*sub potestate Parisiensis episcopi, et in viatura tantummodo*
*illius jure antiquitatis existit; ita scilicet quod, si aliquis in*
*tota terra illa quicquam forisfecerit quod ad viaturam perti-*
*neat, remota omnino regis potestate, episcopo tantum aut his*
*qui per episcopum tenent, debet emendari ad removendum*
*etiam totius ambiguitatis scrupulum, consuetudines viarum,*
*quę in predicta terra continentur, distincte et aperte volumus*
*explanare, ut, cognita veritate, quasi quodam rationis freno*
*usurpantium violentia refrenetur. In omnibus ergo viis illis,*
*quę sunt intra supradictam terram, si quis viaturam infre-*
*gerit, nulli dubium est ad solum episcopum pertinere. Ban-*
*leugam vero, tam in viis quam in predicta terra, si quis*
*infregerit, quamvis tam ad regem quam ad episcopum foris-*
*factura illa pertineat, tamen, si regi causam illam audire*
*placuerit, et episcopo mandaverit, episcopus, audito regis*
*mandato, placitum illud ante regem convocabit, ibique, rege*
*presente, causa illa tractabitur; rege vero absente, coram*
*episcopo diffinietur. Sciendum autem est quia spatium illud,*
*quod est infra portas veteris ęcclesię, sicut totus interior*
*murorum ambitus continet, sub jure est episcopi, quemadmo-*
*dum nova ęcclesia, regis potestate omnino exclusa. Spatium*
*vero illud quod est a capite fracti muri veteris ęcclesię usque*
*ad Sequanam, transeundo scilicet ante curiam episcopi, hinc*
*et inde, sub viatura est ejusdem episcopi. Banleuga vero, ad*
*similitudinem supradictę terre, ante regem et episcopum trac-*
*tari debet et emendari. Notandum quidem est quia spatium*
*istud et predicta terra illam habent banleugę consuetudinem,*
*quę est in burgo Sancti Germani, qui ad episcopum pertinet.*

A. Original scellé du sceau plaqué, aux Arch. nat. K. 21, n° 7ª.
B. Copie contemporaine, aux Arch. nat. K. 21, n° 7ᵇ.
C. Copie du xIIᵉ siècle, aux Arch. nat. LL. 177 (*Livre noir de Notre-Dame*, p. 45).

D. Copie du xɪɪɪe siècle, aux Arch. nat. LL. 175 *(Grand Pastoral de Notre-Dame)*, p. 589.

E. Copie du xɪɪɪe siècle, aux Arch. nat. LL. 176 *(Petit Pastoral de Notre-Dame)*, p. 63.

*(Cartulaire général de Paris....., publié par R. de Lasteyrie, t. I, p. 178 ; — Cf. Cartul. de l'Église Notre-Dame de Paris*, p. Guérard, t. I, p. 252-253.)

# II

## 1123, après le 3 août. — Paris.

DIPLOME DE LOUIS VI, AUTORISANT LE CHAPITRE DE NOTRE-DAME A PRÉLEVER ANNUELLEMENT UNE SOMME DE DIX LIVRES SUR LES REVENUS DE L'ÉVÈCHÉ POUR SUBVENIR A LA COUVERTURE DE LA CATHÉDRALE.

*Prȩceptum cooperturȩ ȩcclesiȩ Beatȩ Marie.*

*In nomine sanctȩ et individuȩ Trinitatis. Justitiȩ et rationi congruere plane et evidenter agnoscitur quod ea quȩ ȩcclesiis Dei, caritatis gratia, conferuntur in earum necessitatibus, ut dignum est expendantur, quia quasi crudele et inhonestum videtur quod ea, quȩ illis data sunt, in usibus ipsarum necessariis eisdem subtra[h]antur ; quod si quidem regum precipue et principum offitio incumbere deprehenditur, ut ȩcclesiȩ Dei ab ipsorum sollicitudine in hoc provideatur. Ego igitur Ludovicus, Dei gratia, Francorum rex, hac ratione ammonitus, notum fieri volo cunctis fidelibus, tam futuris quam et instantibus, quod Bernerus, Beatȩ Mariȩ Parisiensis ȩcclesiȩ decanus, et capituli ejusdem ȩcclesiȩ conventus universus, dum in manu nostra Parisiensis episcopatus benefitia teneremus, a majestate nostra humiliter petierunt, ut, super ȩcclesiam sanctissimȩ*

6

*Dei genitricis misericordia moti, de rebus episcopalibus ali-
quid eidem ęcclesię, unde in perpetuum cooperiri posset, jure
perpetuo et annis singulis habendum donaremus. Nos autem,
dignę et humili eorum petitioni condescendentes, regia actoritate nostra statuimus et precipimus ut, ad eandem ecclesiam
cooperiendam, decem librę de redditu altaris in octavis Edicti
annuatim sumantur. Et si ad hoc altaris redditus non suffi-
cerit, ille decem nummorum libre de cereis, qui in Purifica-
tione sanctę Marię a casatis redduntur, ad plenum suppleantur,
et positę in custodia capicerii et unius ejusdem ęcclesię canonici,
quem decanus et capituli conventus ad hoc elegerint, solum-
modo in essillis et clavis et tegulis penitus expendantur, et
ubi et quomodo expense fuerint, decano et capitulo ab earum
custodibus computabitur. Trabes autem et tigni, immo omnia
alia ęcclesię necessaria ab episcopo ęcclesię ministrentur.*

*Quod, ne valeat oblivione deleri, scripto commendavimus,
et, ne possit a posteris infirmari, sigilli nostri actoritate et
nominis nostri karactere subterfirmavimus.*

*Actum Parisius publice, anno Incarnati Verbi M°C°XX°III°,
regni nostri X°VI°, astantibus in palatio nostro quorum nomina subtitulata sunt et signa. Signum Stephani dapiferi.
S. Gisleberti buticularii. S. Hugonis constabularii. S. Alberici
chamerarii.*

*Data per manum Stephani cancellarii* (monogramme).

A. Original, avec traces de sceau plaqué, aux Arch. nat., K. 22, n° 2.
B. Copie du XIIIe siècle, aux Arch. nat., LL. 177 *(Livre noir de Notre-
   Dame)*, p. 173.
C. Copie du XIIIe siècle, aux Arch. nat., LL. 175 *(Grand Pastoral de
   Notre-Dame)*, p. 588.
D. Copie du XIIIe siècle, aux Arch. nat., LL. 176 *(Petit Pastoral de
   Notre-Dame)*, p. 85.

*(Cartulaire général de Paris........, t. Ier, p. 218 ; cf. Cartul.
de l'Église Notre-Dame*, publ. p. Guérard, t. I, p. 266.)

## III

### 1163, 24 mars — 11 avril 1164. — Paris.

DON PAR LE CHAPITRE DE PARIS A HENRI LIONEL ET A SA FEMME,
DE DEUX MAISONS EN ÉCHANGE DE CELLE QU'ILS LUI AVAIENT
CÉDÉE POUR L'OUVERTURE D'UNE RUE EN FACE DU PARVIS
NOTRE-DAME.

*Pro domo phisicorum in Parviso.*

*In nomine sancte et individue Trinitatis, amen.
Gratia propagande in posteros memorie, presentium
traditum est litterarum notitię ut sciant tam presentes quam
posteri, quod ego Clemens, Parisiensis ecclesię decanus, totum-
que capitulum duas domos, quę ad nostram spectabant adqui-
sitionem, et erant contigue, quarum altera fuerat Leicentie,
altera Hermandi, Loonello et Petronille, uxori ejus, jure
hereditario possidendas, precibus et voluntate domni episcopi
Mauricii, concessimus, et quicquid juris in eis habebamus
dedimus in recompensationem domus sue proprie, quam ipsi
tradiderunt episcopo et nobis delendam, ad perficiendam viam,
quę fiebat ante ecclesię nostre paravisum. Pacti etiam fuimus
quod domos illas supradictas Loonello et uxori ejus Petronille,
et eorum heredibus, et quibuscumque eas darent, vel vende-
rent, vel quocumque modo eas alienarent, justa garanticione
protegeremus et quiete eas possidere faceremus. Ut autem hec
nostra concessio inviolabilem optineat firmitatem, sigilli nostri
auctoritate et presentis carte testimonio corroborari volumus.
Actum publice Parisius, in capitulo Beate Marie, anno
Incarnati Verbi MᵒCᵒLXIIIᵒ. S. Clementis, decani. S. Alberti,
precentoris. S. Guermundi, archidiaconi. S. Symonis, archidiaconi. S. Girardi, archidiaconi. S. Roberti, succentoris et
presbiteri. S. Gualterii, presbyteri. S. Odonis, presbyteri.
S. Osmundi, diaconi. S. Anselli, diaconi. S. Symonis, dia-*

6.

*coni. S. Hervei, subdiaconi. S. Herberti, subdiaconi. S. Balduini, subdiaconi. S. Philippi, nepoti regis, pueri. S. Hugonis pueri. S. Helluini pueri.*
*Data per manum Odonis cancellarii.*

A. Original scellé aux Arch. nat., L. 892, n° 6.
B. Copie du XVII° siècle, à la Bibl. nat., ms. lat. 14679, p. 533.
C. Copie du XVII° siècle, à la Bibl. nat., ms. lat. 14368, p. 904.

(*Cartul. général de Paris*........, t. Ier, p. 374; cf. Sauval, *Hist. de Paris*, t. III, p. 8.)

## IV

## 1164, 12 avril — 3 avril 1165. — Paris.

DONATION PAR L'ÉVÊQUE MAURICE DE SULLY A HENRI LIONEL, D'UN EMPLACEMENT PRÈS L'ÉGLISE SAINT-CHRISTOPHE, EN ÉCHANGE DE DEUX MAISONS SUR LE PARVIS NOTRE-DAME, PAR LUI CÉDÉES POUR L'OUVERTURE D'UNE RUE.

*De domibus Henrici Loenelli.*

*Ego Mauritius, Dei gratia, Parisiensis ecclesie humilis minister. Notum fieri volumus universis, tam presentibus quam futuris, nos, pro facienda via ante ecclesiam Beate Marie, ab Henrico Leonello et uxore sua domos, quas tenebant ante paravisum, pretio quadraginta librarum, comparasse. Insuper, pro predictis domibus habendis, donavimus eis plateam quamdam, sitam prope sanctum Christoforum, quam emimus Renaudo, filio Malgrini, pretio viginti librarum, in qua prefatus Henricus construxit sibi domum, predicto Renaudo et uxore sua cum filiis et filiabus suis per manum nostram concedentibus eidem Henrico et uxori sue et successoribus eorum eamdem plateam in perpetuum possidendam,*

*assensu tocius capituli pariter prosequente, a quo prenomi-*
*natus Renaudus supradictam plateam emerat, que eidem*
*capitulo de conquisi[ti]one obvenerat, ¡quod etiam capitulum*
*litteras garantie ei dederat. Et ut prenominatus Henricus,*
*tam ipse quam uxor sua, et omnes quibuscumque vel vendere*
*vel donare voluerint supradictam terram et id quod supra*
*edificatum est, libere et quiete possideant in perpetuum, sigilli*
*nostri auctoritate eisdem confirmamus, pro qua, si quis in*
*posterum temerario ausu adversus eos insurgere vel jus suum*
*presumpserit infringere, nos et successores nostri, quantum*
*justicia dictaret, defensionem et auctoritatem ipsis prebebimus.*
*Huic rei testes interfuerunt quamplures : abbas sancti Ma-*
*glorii; Clemens, Parisiensis decanus; Guermundus archidia-*
*conus; Albertus precentor; Symon archidiaconus; Gerardus*
*archidiaconus; magister Galterus; Ascelinus canonicus;*
*Symon de sancto Dyonisio; Petrus de Villa Nova; Bartolo-*
*meus, sacerdos sancte Genovefe; Petrus Angelerius; Aimericus*
*Bituricensis, et laici quamplures : Odo Libaut, Odo de sancto*
*Christoforo, Renodus apostolicus, Frogerius, frater ejusdem,*
*Odo Corveiser, Ramundus Corveiser, Richardus Corveiser,*
*Bartholomeus Aurelianensis, Bernerius Aurum Verberans,*
*Marquerius.*

*Actum publice Parisius, in presentia nostra, anno Incar-*
*nationis dominice millesimo centesimo LX° IIII°.*

A. Original scellé, aux Arch. nat., L. 892, n° 7.
B. Copie du xviiᵉ siècle, à la Bibl. nat., ms. lat. 14368, p. 902.
C. Copie du xviiᵉ siècle, à la Bibl. nat., ms. lat. 14679, p. 542.

(*Cartul. général de Paris........*, t. Iᵉʳ, p. 382; cf. Sauval,
*Hist. de Paris,* t. III, p. 8.)

# V

## 1173, 8 avril–novembre. — Paris.

*De domibus Henrici Loenelli et Petronille uxoris sue.*

*Ego Mauricius, Dei gratia, Parisiensis episcopus. Notum
fieri volumus tam posteris quam presentibus, quod Henricus
Loonellus et uxor ejus, Petronilla, dederunt in elemosinam
ecclesie sancti Victoris tres domos, duas prope Termas sitas,
terciam juxta Paravisum ante vicum novum constructam, in
platea quam a Rainaldo, filio Malgrini, emimus et eidem
Henrico ac Petronille, uxori ejus, concessimus in recompensationem domus sue, quam ipsi nobis destruendam tradiderunt ad perficiendam viam, que ante ecclesie Beate Marie
paravisum fiebat. Et quia Rainaldus, filius Malgrini, jam-
dictam plateam a capitulo Beate Marie emerat, que eidem
capitulo de conquisitione obvenerat, peciit et impetravit prenominatus Henricus, tam a nobis quam a capitulo, litteras
garantie, per quas ipse et uxor ejus, et successores ipsorum,
eandem plateam et quicquid in ea superedificaretur libere
inperpetuum possiderent, et quibuscumque vellent vendere,
vel donare, vel quocumque modo alienare possent. Predicte
autem elemosine donum ecclesie S. Victoris hac condictione
est factum, quod Garnerus sacerdos, filius predicte Petronille,
tres prenominatas domos et quicquid ex earum locatione pro-
venerit, quamdiu voluerit, libere possidebit; ecclesia vero
S. Victoris viginti libras capitulo Parisiensi ad stationem
faciendam persolvet, cum tres ille domus ad eam devenerint.
Et quia idem Garnerus Jerosolimam ire volebat, ne per
absentiam ejus ecclesia S. Victoris detrimentum sustineret,*

*investita est de tribus domibus in presencia nostra per ser-*
*vientes dominorum de quorum censu erant, salva tamen*
*investitura quam Garnerus tota vita sua habere debet. Deter-*
*minatum eciam est in presentia nostra quod idem Garnerus,*
*vel ille in cujus manu tres illas domos dimittet, si quid in eis*
*reparandum fuerit de suo faciet, et si aliqua super hoc queri-*
*monia mota fuerit, nostro consilio corrigetur. Quod, ne*
*oblivione deleatur, scripto mandari et sigillo nostro signari*
*fecimus. Testes qui interfuerunt : Galterus capellanus, Symon*
*de sancto Dyonisio, Marcellus et Osmundus, canonici S. Ma-*
*rie ; Guibertus, Ricardus, Thomas, servientes nostri. Actum*
*publice Parisius, in domo nostra, anno Incarnati Verbi*
*M°C°LXXIII°, episcopatus autem nostri XIII°.*

A. Original scellé aux Arch. nat., L. 892, n° 22.

(*Cartul. général de Paris*........, t. I<sup>er</sup>, p. 426.)

Les lignes pointillées .........
indiquent l'emplacement de la
Cathédrale actuelle, du Palais
épiscopal et de la rue Neuve-Notre-
Dame (postérieurement à l'année
1110).

Les lignes grasses ▰▰▰▰▰
indiquent les fondations découvertes en 1847.

1. Ancienne église cathédrale de Notre-
Dame.
2. Ancien palais épiscopal.
3. Église de Saint-Étienne-le-Vieux.
4. Église de Saint-Denis-du-Pas.
5. Église de Saint-Aignan.
6. Maison d'Étienne l'archidiacre.
7. Église de Saint-Denis de la Chartre.
8. Maison d'Ansoud.
9. Église de Saint-Christophe.
10. Petit-Pont.
11. Grand-Pont.

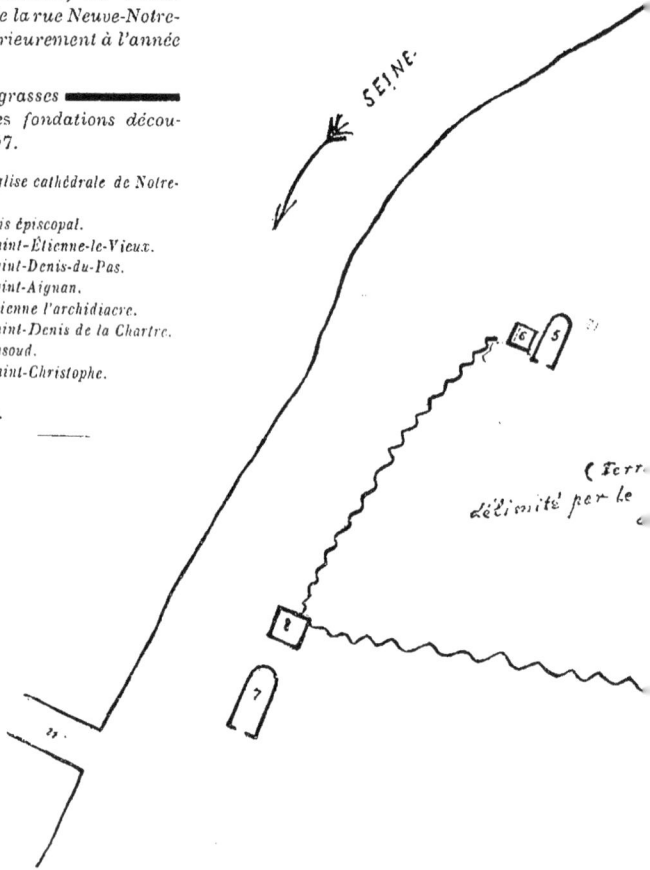

SEINE

( Terr
délimité par le

ESSA
DE L'EMPLACEMENT DE LA CATI
AU COMMEN

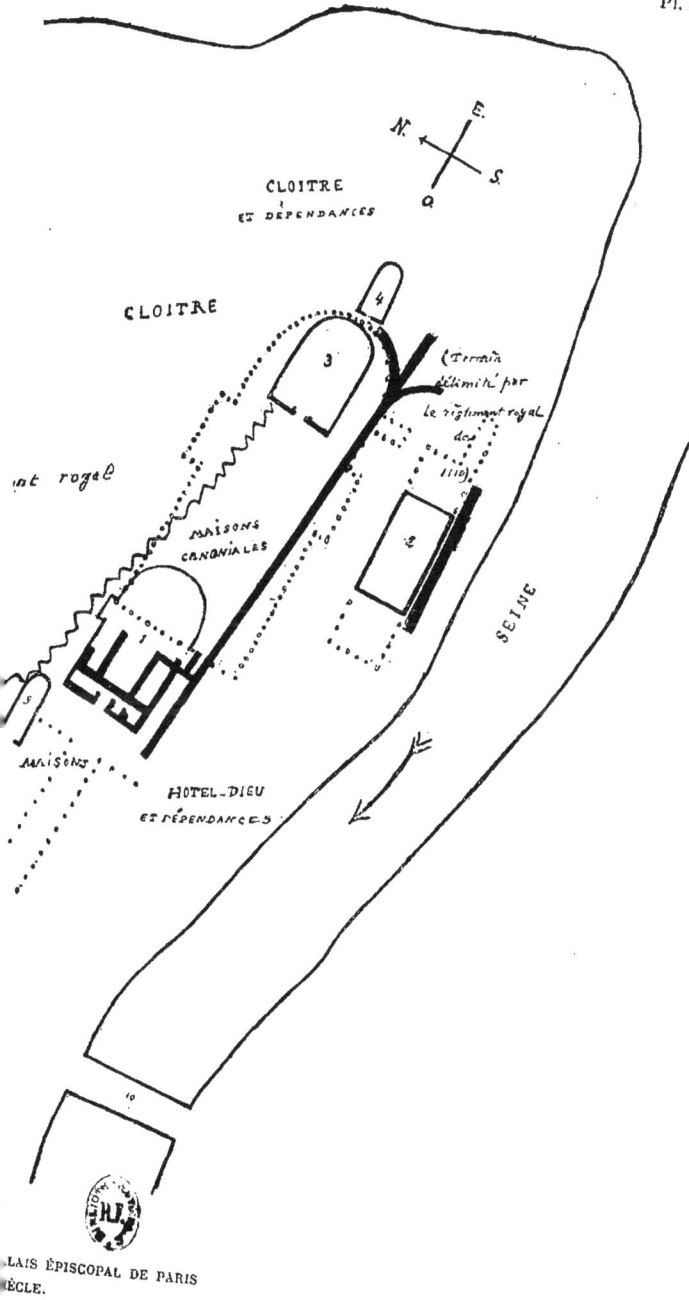

Pl. I.

CLOITRE
ET DÉPENDANCES

N. E.

S.

O

CLOITRE

4

3

(Terrain délimité par
le règlement royal
des
1116)

MAISONS
CANONIALES

2

SEINE

MAISONS

HOTEL-DIEU
ET DÉPENDANCES

nt royal

10

Pl. II.

ASPECT INTÉRIEUR (COUPE LONGITUDINALE) DE DEUX TRAVÉES PRIMITIVES
DE LA CATHÉDRALE DE PARIS (1, 1), ET D'UNE TRAVÉE MODIFIÉE PENDANT
LE XIII<sup>e</sup> SIÈCLE (2).

(D'après Viollet-le-Duc, *Dictionnaire de l'architecture française*, t. II, p. 291.)

Pl. III.

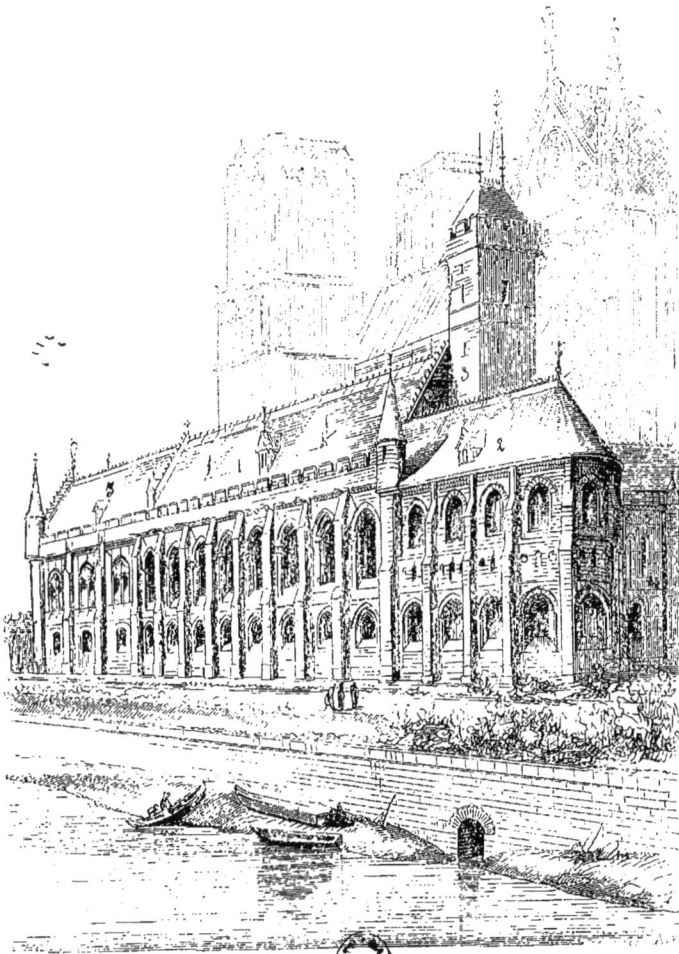

FAÇADE MÉRIDIONALE DE L'ANCIEN PALAIS ÉPISCOPAL DE PARIS.

(D'après Viollet-le-Duc, *Dictionnaire de l'architecture française*, t. VII, p. 17.)

LÉGENDE

1. Bâtiment principal (salles).
2. Chapelle.
3. Tour.
4. Galerie.
5. Corps de bâtiment construit
   au xve siècle.

# TABLE

———

Pages.

INTRODUCTION ET BIBLIOGRAPHIE............................ V-XI

## PREMIÈRE PARTIE

### LA CATHÉDRALE

CHAPITRE Iᵉʳ. — **Le Vocable**............................ 1

§ 1. — Textes relatifs au vocable de la cathédrale........... 1
§ 2. — Interprétation des textes relatifs au vocable composé de
plusieurs noms de saints..................... 6

CHAPITRE II. — **L'Édifice**............................... 11

PREMIÈRE PÉRIODE. — DU VIᵉ SIÈCLE A LA FIN DU XIᵉ.......... 12

§ 1. — Emplacement de la cathédrale................... 12
§ 2. — Architecture................................. 17

DEUXIÈME PÉRIODE. — DE 1100 A 1160..................... 22

§ 1. — Reconstruction de la cathédrale au commencement du
XIIᵉ siècle................................. 22
§ 2. — Emplacement de l'édifice reconstruit............... 25
§ 3. — Architecture et décoration de l'édifice.............. 30

TROISIÈME PÉRIODE. — L'ÉPISCOPAT DE MAURICE DE SULLY
(1160-1196)....................................... 33

§ 1. — Causes de la construction....................... 37
§ 2. — Travaux préliminaires.......................... 38
§ 3. — Ordre suivi dans la construction; caractère général de
l'architecture................................. 41

§ 4. — Origines diverses des fonds employés à la construction ;
gestion des fonds.................................... 48

    I. — Revenus de la mense épiscopale.................... 49
    II. — Offrandes des fidèles........................... 50
    III. — Contribution du Chapitre...................... 52
    IV. — Donations diverses............................ 52

§ 5. — De l'architecte et des corps de métiers employés à la
construction de la cathédrale...................... 54
§ 6. — Jugements des contemporains et des archéologues
modernes, sur l'œuvre architecturale de Maurice
de Sully........................................... 60

## DEUXIÈME PARTIE

### LE PALAIS ÉPISCOPAL

CHAPITRE Ier. — Des termes par lesquels le Palais épiscopal
est désigné dans les textes du VIe au XIIe siècle...... 69

CHAPITRE II. — L'Édifice (EMPLACEMENT ET ARCHITECTURE)... 71

    § 1. — PREMIÈRE PÉRIODE. — DU VIe SIÈCLE A L'ANNÉE 1160.. 71
    § 2. — DEUXIÈME PÉRIODE. — DE 1160 A 1196.............. 73

PIÈCES JUSTIFICATIVES ................................... 79

PLANCHES :

Pl. I. — Essai de restitution de l'emplacement de la cathédrale et
du palais épiscopal de Paris, au commencement du
XIIe siècle.|

Pl. II. — Aspect intérieur (coupe longitudinale) de deux travées primitives de la cathédrale de Paris (1, 1), et d'une travée
modifiée pendant le XIIIe siècle (d'après Viollet-le-Duc).

Pl. III. — Façade méridionale de l'ancien palais épiscopal de Paris
(d'après Viollet-le-Duc).

Bordeaux. — Imp. G. GOUNOUILHOU, rue Guiraude, 11

www.ingramcontent.com/pod-product-compliance
Lightning Source LLC
Chambersburg PA
CBHW060602100426
42744CB00008B/1275